학습부진아 치료교육 프로그램

-정서·인지·학습·진로 영역을 중심으로-

Underachiever Therapy Education Program

학습부진아 치료교육 프로그램

선우현 · 김수지 · 최예린 · 홍혜영 공저

동문사

머리말

최근 학교생활에 잘 적응하지 못하여 학습활동이나 학급에서 소외된 교육 소외 아동들이 점차 증가하고 있는 현실에서 각 개인의 개별성 및 독특성을 존중하면서 잠재 가능성을 충분히 신장시킬 수 있는 다양한 교육 프로그램의 필요성이 제기되고 있다. 그럼에도 불구하고 고기능 장애, 학습 부진, 학교부적응, 정서 장애 등으로 일반 교육에서 소외된 아동의 경우, 물리적 환경의 제한 때문에 적절한 지원 체계가 부족하고, 발달 초기, 혹은 학령 전에 적절한 자극을 받아 발달시켜야 할 인지 학습적인 소스가 부족해, 학습이나 진로에 대한 내재적인 동기를 갖거나 적절한 행동을 배울 기회를 제공받지 못하고 있는 것이 현실이다.

특히 학교나 가정에서 교육 소외 아동에 대한 이해가 부족해, 특성화 및 개별화된 지원을 받지 못하고 있는 실정이다. 교육의 기회균등이란 각자의 능력에 접합한 내용과 방법으로써 교육이 보장되는 것이라고 말할 수 있다. 그러나 교육현장에서는 학생들 간의 개인차에도 불구하고 동일한 교육을 제공하는 경향이 있다. 이것은 교육적인 효율성 저하와 정서 및 심리적 문제를 야기할 수 있다. 이에 정서 및 심리지원과 함께 학습부진, 혹은 학교부적응 학생들의 학력향상을 위해 학습부진의 요인을 찾아 그에 대한 효과적인 방법을 모색하는 것이 곧 한국교육 전체의 질적 향상을 위한 지름길이기도 하다.

그러므로 학습 및 정서 · 행동 문제로 인해 학교부적응을 겪고 있는 학생들을 위해 그 특성을 고려한 전문화 · 체계화된 프로그램이 제공되어야 하겠다. 무엇보다도 학교 현장에서 교육을 수행하는 데 필요한 각 개인의 개별성 및 독특성을 존중하면서 잠재 가능성을 충분히 신장시켜 학습동기를 향상시키는 교육프로그램이 우선되어야 하겠다.

학교부적응이나 학습부진의 문제를 동반한 아동 및 청소년들의 다각적 및 통합적 지원체계가 필요하며, 이를 위하여 놀이치료, 음악치료, 언어치료, 상담심리 영역의 교수님들이 유형별, 그리고 연령별 전인적인 교육효과를 거둘 수 있는 학제 간의 논의 및 협력을 통해 질 높은 통합적 치료교육프로그램을 개발하고자 하였다. 특히 대상 아동 및 청소년들의 특성, 발달, 수행수준을 점검하고 학습부진의 요인을 찾은 후 대상에 맞게 연령별, 유형별 특성을 고려하여 인지행동, 인지기술, 기초학습, 그리고 진로탐색의 순으로 연계한 단계별 소그룹 치료교육프로그램으로 구성하였다.

통합적 단계별 치료교육프로그램에서는 교육소외 아동 및 청소년들의 인지·심리적 특성에 대한 전문적 이해를 바탕으로 개별화된 단계별 학습 및 진로지원을 목표로 하고 있다. 이를 위해 정서 및 심리적 지원을 시작으로 학습부진 및 학교부적응 학생들의 전인건강을 돕고 학생들의 학력향상을 위한 다각적 및 통합적 접근방법을 제시하였다.

이 책은 크게 4장으로 나뉘어져 각각의 치료교육프로그램을 단계별로 소개하고 있다. 1장은 자기인식, 타인인식, 감정다루기, 문제해결하기의 네 개의 하위단계 안에서 소그룹 또래상호작용의 경험을 통해 긍정적 또래관계를 이끌어 내는 문제해결력 향상을 위한 인지행동 프로그램으로 시작한다. 이를 바탕으로 자기의 가치감이 높아지고 타인을 수용할 수 있는 이해가 발달하면서 교육현장 및 또래관계에서의 문제해결능력이 향상되도록 한다. 더 나아가 학습수행을 위한 학습동기를 갖도록 촉진하는 것이 목표이다.

1단계 프로그램을 마치면 2단계 프로그램인 인지기술향상을 위한 응용음악 프로그램으로 이어진다. 2장은 음악적 주의제어 기초훈련, 기초인지프로그램, 미디 프로그램을 활용해 그룹음악 창작하기의 3단계 프로그램으로 구성되었으며, 기초인지기능 및 학습에 필요한 기술을 습득하도록 돕는 것을 목적으로 한다. 이를 통해 주의집중력, 기초적 인지기술, 자발적 학습참여 및 내재적 동기를 증진시킬 수 있다.

3장에서는 기초읽기, 쓰기 능력 증진을 위한 기초학습증진 프로그램으로서 한글 익히기를 통한 읽기 유창성 증진, 낱말 이해능력과 문장력 향상, 학습을 위한 읽기 이해능력 향상, 그리고 효과적인 읽기 및 쓰기 전략 익히기의 네 개의 하위단계로 구성되었다. 개인별 학습능력을 점검하여 교과를 연계한 읽기를 통해 독해력, 비판적 사고력, 문제해결기술을 향상시키고 내용분석을 통한 쓰기전략능력을 강화하여 기초학습 증진을 돕고자 한다.

마지막 4장에서는 자기주도 학습능력 향상을 통한 진로성숙 프로그램으로 자기주도적 학습능력 향상을 통한 학업성취도 향상과 이를 바탕으로 구체적 진로탐색 및 진로결정을 돕고자 한다. 자기이해, 자기주도적 학습능력 향상, 직업포부 및 직업세계탐색, 자신의 진로선택 및 결정의 하위단계를 통해 다양한 직업의 종류를 탐색하고 진로에 대한 합리적인 의사결정 능력을 배양하고 직업에 대한 흥미를 높이고 자신에게 맞는 진로나 직업을 결정하고 이를 위한 준비행동을 강화하도록 한다.

학습부진아를 위한 치료교육프로그램은 지난 3년간 삼성꿈장학재단의 지원을 받은 교육소외 저소득가정 아동 및 청소년들, 학교부적응 및 학습부진아 지원을 위해 서울 및 수도권 초등학교와 중학교와 연계한 방과후학교 프로그램 등으로 체계적이고 지속적으로 보급되어 왔다.

이제 이 책의 출판을 통해 아동 및 청소년을 대상으로 치료교육을 하고 있는 일선학교의 상담교사, 특수교사, 지역사회의 아동복지센터의 교사, 치료교육에 관심이 있는 대학생 및 대학원생, 그리고 치료영역의 전문가들에게 학습부진아 및 학교부적응 아동 및 청소년을 위한 임상적 경험을 함께 나눌 수 있는 기회가 되고자 한다. 또한 이 책이 보다 광범위하고 다양한 지역에 확대 보급되기를 기대한다.

각 단계별로 많은 임상경력을 가진 전문가들로 구성된 저자들이 나름대로 머리를 맞대어 많은 준비와 프로그램 수정, 그리고 실제의 적용 등 지난 3년간 많은 노고를 아끼지 않고 준비하였으나 여전히 부족함을 느끼고 불충분한 부분도 있을 것으로 생각된다. 그럼에도 불구하고 다양한 영역의 전문가가 함께 모여 다각적 접근방법으로 학습부진아를 위한 통합적 전략을 세운 것으로도 가치가 있다고 본다. 이 프로그램을 필요로 하며 도움을 얻고자 하는 많은 이들에게 효과적인 활용방안으로서 이 책이 통합적 치료교육의 작은 디딤돌이 되기를 기대한다.

이 책이 나올 때까지 함께 협력한 명지통합치료연구센터의 세상두드림에 참여한 전문치료사 선생님들, 한국통합치료학회에서 통합치료연구에 힘쓰신 많은 교수님들과 그림으로 수고해 주신 선생님들, 편집에 수고해 주신 출판사 여러분들에게 감사의 마음을 전한다.

2014년을 시작하면서

저자 일동

차례

프로그램명 1

문제해결력 향상을 위한 인지행동 프로그램 / 13

프로그램명 02

인지기술향상을 위한 응용음악 프로그램 / 67

프로그램명 3

의사소통능력 향상을 통한 기초학습증진 프로그램 / 153

프로그램명 04

자기주도학습능력 향상을 통한 진로성숙 프로그램 / 221

프로그램명 1

문제해결력 향상을 위한 인지행동 프로그램

1회기 : 나만의 세계
2회기 : 나는 누구일까요?
3회기 : 나, 그리고 우리
4회기 : 몸으로 말해요
5회기 : 우리 함께해요
6회기 : 우리 서로 칭찬해요
7회기 : 우리 힘을 합쳐요
8회기 : 우리의 기분을 말해요
9회기 : 부정적 감정의 피자 맛보기
10회기 : 두려운 감정을 날려 보내요
11회기 : 변화의 동기 만들기
12회기 : 변화의 걸림돌 살피기
13회기 : 스트레스 감소시키기
14회기 : 내 안의 자원 찾기
15회기 : 가족과 친구의 자원 찾기
16회기 : 문제해결 방안을 위한 목표 세우기
17회기 : 문제해결 방안을 위한 지지체계 갖기
18회기 : 문제해결 방안 마련하기
19회기 : 미래 설계하기
20회기 : 문제해결을 축하합니다

개인 또는 집단의 학습목표를 개인, 혹은 집단의 목표와 결부시켜 분명한 목표의식을 갖게 하고, 적성이나 흥미에 맞는 과제의 제시와 보상, 경쟁심의 적용, 피드백 등을 활용하는 학습에 작용하는 동기를 학습동기라고 일컫는다(조현철, 2011). 학습동기는 학습의 출발 단계에서 특히 중요한 요인으로 작용할 수 있으며, 자발적으로 공부할 수 있는 학습의 원인 제공이 됨과 동시에 학습의 효과를 결정하는 주된 요인이라는 점(Gottfried, 1994)에서 교육현장에서 학생들에게 매우 기초적 요인으로 볼 수 있겠다. 학습활동이나 학급에서 소외된 교육소외 아동들의 경우에도 종종 물리적 환경의 제한 때문에 적절한 지원체계가 부족하고, 발달 초기, 혹은 학령 전에 적절한 자극을 받아 발달시켜야 할 인지 학습적인 소스가 부족해 학습이나 진로에 대한 내재적인 동기를 갖거나 적절한 행동을 배울 기회를 제공받지 못한 채 학교 부적응을 보이고 있다. 그러므로 정서 및 심리지원과 함께 학습부진, 혹은 학교 부적응 학생들의 학력향상을 위하여 학습부진의 요인을 찾아 그에 대한 효과적인 방법을 모색하고, 학습동기를 증진시키기 위한 문제해결력 향상의 학습지원 프로그램이 필요하다고 본다.

문제해결은 우리 생활의 중심이 되는 부분으로, 간단한 호기심에서부터 복잡한 과제에 이르기까지 일상적으로 문제해결을 하지 않고 지내는 사람은 없을 것이다. Vygotsky(1978)는 실제적인 문제해결은 일상생활의 문제점, 어려움 등을 다루는 가운데 이루어진다고 보았다. 특히 일상생활에서 부딪치는 실제적인 문제를 해결하는 전략은 다른 사람과의 협력을 통해 발달된다고 했으며, 상호작용을 통해 개인이 직면한 문제를 해결하는 경험과 문제를 해결하는 과정과 전략을 배울 수 있는 기회를 얻게 된다고 보았다.

그러므로 학교현장에서 아동들이 일상에서 직면한 문제들을 해결할 수 있는 문제해결 능력을 얻고 또래들과 긍정적 상호작용을 배울 수 있는 기회를 제공하는 것이 무엇보다 중요하다고 보겠다. 더 나아가 이는 학습이나 진로에 대한 내재적인 동기를 갖도록 촉진할 수 있도록 돕는다.

그러나 대부분 학교부적응이나 학습부진아동들의 경우 스트레스와 문제 상황에 직면하게 되며 문제해결 능력이 현저히 부족하여 상황에 대해 부적절하게 대처하는 것으로 나타났다(이유미 외, 2009).

Beck(1976)은 문제를 해결하는 데는 인지적 및 행동적 과정이 작용하기에 스트레스를 느끼게 하는 상황이나 사건에 대한 대응방식을 변경시키도록 도와주는 데 인지 행동적 접근이 효과적이라고 했다. 많은 연구결과에서도 인지 행동적 전략을 통해 개인의 문제를 해결하고 장점을 개발하도록 도울 수 있고, 학업과 관련한 효율성을 높일 수 있는 것으로 나타났다(정찬호 외, 2004; 현미열 외, 2006).

따라서 문제해결력 향상을 위한 인지행동 프로그램은 교육소외 아동에게 학습에 필요한 심리적 및 정서적 안정감과 왜곡된 부정적 사고의 수정, 그리고 잠재력을 증진시키며, 개개인의 문제해결력을 향상시키고 학교에서 필요한 학습동기를 활성화하는 데 도움을 줄 것으로 기대한다.

문제해결력 향상을 위한 인지행동 프로그램은 아동의 연령에 따른 놀이활동과 언어적, 그리고 비언어적인 형태의 의사소통을 가지고 문제를 해결하는 데 초점을 두어 아동에게 보다 적응적인 대처 능력을 탐색하고 발달시킬 수 있는 긍정적인 기회를 제공해줄 수 있도록 프로그램을 계획하였다. 전체 진행 과정은 크게 자기 인식 - 타인 인식 - 감정 다루기 - 문제 해결하기의 4단계로 긍정적 자아상을 형성하고 요구에 일치하는 능력을 증진하며, 자신의 감정을 건강하게 표출하도록 촉진하여 상황에 따라 행동을 수정하며 적응시킬 수 있는 능력을 향상시켜 과제수행과 학습수행력을 증진시키도록 구성하였다.

또한 본 프로그램을 통해 긍정적인 자아상 형성, 요구에 일치하는 능력 증진, 자신의 감정을 건강하게 표출하도록 촉진, 상황에 따라 행동을 수정하며 적응시킬 수 있는 능력을 향상시켜 과제수행력과 학습수행력 증진, 긍정적 집단 간 또래 경험을 통해 사회적 기술이 증진될 수 있다.

■ 프로그램 개요

놀이 활동과 언어적, 그리고 비언어적 형태의 의사소통을 가지고 문제를 해결하는 데 초점을 둔다. 학교 수업시간에 맞추어 매 회기 45분씩 총 20회기로 진행하며, 3~4명의 소집단 활동으로 이루어지도록 구성하였다. 1학기와 2학기로 구분하여 각각 10회기씩 진행하며, 1학기에는 1단계(자기 인식), 2단계(타인 인식), 그리고 3단계(감정 다루기) 과정을 진행하고, 2학기에는 마지막 4단계(문제 해결하기)로 진행한다.

■ 프로그램 대상

초등학생과 중학생을 대상으로 한다.

■ 프로그램 목적 및 목표

보다 적응적인 대처 능력을 탐색하고 발달시킬 수 있는 긍정적인 기회를 제공해준다.

- 긍정적인 자아상 형성
- 요구에 일치하는 능력 증진
- 자신의 감정을 건강하게 표출하도록 촉진
- 상황에 따라 행동을 수정하며 적응시킬 수 있는 능력 증진
- 자기효능감 향상을 통해 과제수행력과 학습수행력 증진
- 긍정적 또래 경험을 통한 사회적 기술 증진

■ 프로그램 진행과정

1단계 : 자기 인식	→	2단계 : 타인 인식	→	3단계 : 감정 다루기	→	4단계 : 문제 해결하기

- **자기 인식 : 동기 유발 및 자기 인식 이끌어내기**
  '나'에 대해 구체적으로 이해하여 드러낼 수 있고, 자신을 표현할 수 있게 하며, 또래 안에서 수용된 긍정적 '나'를 경험하는 것
- **타인 인식** : 긍정적으로 인식된 '나'가 또래집단 안에서 타인과 수용적 관계경험을 갖도록 하며, 이를 통해 또래와의 긍정적 협력관계를 유지하고 자기조절능력을 향상하도록 돕는 것
- **감정 다루기** : 다양한 감정을 인식하고, 자신의 긍정적 또는 부정적 감정을 표출하고, 또래 지지를 통해 감정을 다룰 수 있도록 돕는 것
- **문제 해결하기** : 프로그램에 참여한 대상 아동들의 문제인식을 이끌어내는 단계로서 스트레스를 감소시키면서 문제에 직면시켜 문제를 다루도록 하며, 안전하고 효율적인 문제해결 방안을 마련하도록 돕는 것

■ 기대효과

인지행동 프로그램의 전체 진행과정은 4단계로 긍정적 자아상을 형성하고, 요구에 일치하는 능력을 증진하며, 자신의 감정을 건강하게 표출하도록 촉진하여 상황에 따라 행동을 수정하며 적응시킬 수 있는 능력을 향상시켜 과제수행력과 학습수행력을 증진시키도록 한다.

Memo

1회기 : 나만의 세계

1. 활동목표

비언어 활동을 시작으로 언어적 의사소통을 촉진시켜 집단에서의 활동에 흥미를 갖도록 한다.

2. 준 비 물

활동지, 출석부, 스티커, 명찰, 연필이나 색연필, A4용지

3. 활동내용

1) 진행자 및 프로그램 소개

2) 규칙 정하기

① 프로그램에 참여하기 위해 지켜야 할 규칙과 보상 받을 약속을 나눈다.

- 선생님과 또래들이 이야기할 때는 귀 기울여 듣는다.
- 친구를 때리거나 상처 주는 말을 하지 않는다.
- 경우에 따라 보상이 주어진다. 보상제도가 필요하면 구체적으로 상을 받는 목록에 대해 정한 뒤 보상을 준다.

【예】 지각하지 않고 출석했을 경우 스티커 2장

3) 서로 인사하고 자기 소개하기 : 애칭 짓기

① 자신이 불리고 싶고, 자신이 좋아하고, 자신이 되고 싶은 애칭을 짓는다.

② 애칭을 지은 후, 돌아가며 애칭을 짓게 된 이유에 대해 이야기를 한다.

4) 나는 누구지?

① 나를 그림으로 표현해보기

- 종이에 자신의 얼굴이나 그리고 싶은 것을 자유롭게 그리게 한다.

② 자신이 그린 그림 위에 다음의 질문에 대한 답을 하고 적게 한다.

- 내가 좋아하는 색은?
- 내가 좋아하는 동물은?
- 내가 가장 좋아하는 TV 프로그램은?
- 내가 좋아하는 음식은?
- 시간이 있을 때 주로 하는 일은?
- 가장 가고 싶은 곳은?
- 내 보물 1호는?

4. 기대효과

① 비언어적 활동에 대한 흥미를 통해 집단참여의 동기를 갖게 된다.

② 수용과 지지를 통해 집단의 소속감을 경험하게 된다.

5. 유의사항

① 또래 간에 친밀감을 형성할 수 있도록 진행자가 공감하고 수용하는 자세를 취한다.

② 애칭을 짓기 힘들어할 때는 진행자가 도와주고, 자신의 이름을 사용해도 된다.

③ 자신을 그림으로 표현하기 어려워할 때 진행자가 도와주거나 얼굴을 그리게 한다.

Memo

2회기 : 나는 누구일까요?

1. 활동목표

자기를 구체적으로 표현할 수 있는 능력을 키운다.

2. 준 비 물

출석부, 스티커, 안대

3. 활동내용

1) 지난 시간 나만의 세계를 활용하여 누구인지 맞추는 게임

① 완성된 '나만의 세계'를 한 장씩 보여주면서 누구의 세계인지 알아맞히게 한다.

② 맞힌 사람에게는 스티커로 보상한다.

2) 자신의 신체 특징을 표현하며 또래들과의 공통점과 차이점을 찾아 맞히기

① 한 명씩 자신의 신체 특징을 설명하거나 특징을 찾아주기

② 신체적인 특징을 이용한 자리 바꾸기 게임

- 진행자가 술래가 되어 먼저 시범을 보인다.

  【예】 '머리 묶은 사람'이라고 하면 그 특징을 가진 사람끼리 자리를 바꾼다.

- 돌아가면서 한 명씩 술래가 되어 공통점이 있는 신체 특징을 말하고 자리를 바꾼다.

3) 술래가 눈을 가리고 신체 특징을 통해 또래의 이름을 맞힌다.

① 모두 나와서 일렬로 서서 돌아가면서 자신의 개인적인 특징들을 말한다.

> 【예】 나는 단발머리이다, 머리에 핀을 꽂았다, 귀가 작다, 손이 다른 사람보다 작다 등

② 술래 한 명을 정한다.

③ 술래는 안대를 끼고 또래들은 술래를 가운데 두고 둥그렇게 선다.

④ 술래는 한 명의 조원을 잡고 잡은 사람이 누구인지 머리부터 만져 맞힌다.

4. 기대효과

① 자신의 특징을 신체를 중심으로 표현하고 지지받는 경험이 자신의 존재감을 긍정적으로 경험하게 한다.

② 타인의 신체와 특징을 긍정적으로 수용하는 경험을 하게 된다.

5. 유의사항

① 서로 상처주는 말을 하지 않도록 진행자가 긍정적 예시를 준비한다.

② 신체 접촉 시 주의사항을 알려 함부로 타인의 신체를 만지지 않도록 한다.

③ 산만하거나 통제되지 않을 때, 스티커 제도를 활용하여 집중할 수 있도록 한다.

안경 쓴 사람~!!

Memo

3회기 : 나, 그리고 우리

1. 활동목표

또래 안에서 나를 긍정적으로 경험하고 또래에게 수용받기

2. 준 비 물

출석부, 스티커, 3~4가지 색의 시트지, 로션

3. 활동내용

1) 접촉놀이

① 색깔 시트지(빨강, 파랑, 노랑 등)를 색깔별로 두 장씩 나누어준다.

② 각자에게 주어진 색종이 크기의 시트지를 몸에 붙인다.

③ 같은 색이 맞닿는 놀이를 한다. 진행자가 먼저 시범을 보인다.

【예】 "노란색!"이라고 하면 (A라는 아동이 이마에 노란색을 붙이고 B라는 아동이 팔에 노란색을 붙였다면) 이마와 팔을 맞닿을 수 있도록 지시를 수행한다.

④ 둘씩 짝을 지어 진행자가 말한 색깔을 맞대어 보도록 한다.

【예】 **지시〉** '노란색' '파랑을 빨강에'

⑤ 또래들이 돌아가면서 지시를 해보도록 한다.

2) 함께 비벼주세요

① 모두 원 모양으로 가깝게 둘러앉게 한다.

② 진행자는 한 사람씩 양손바닥에 로션을 뿌려준다.

③ 모두에게 손과 손을 맞대고 함께 비비게 한다.

④ 로션의 미끌거림이 완전히 없어질 때까지 계속한다.

4. 기대효과

① 집단 속에 참여한 내가 친밀한 또래관계를 경험함으로써 적극적 태도를 얻게 된다.

② '우리'라는 관계경험이 공동체 의식을 갖게 한다.

5. 유의사항

① 신체 접촉 놀이를 할 때 과도하게 접촉하여 서로에게 상처가 되지 않도록 한다.

② 모두가 친밀감을 느끼도록 적극적인 참여를 촉진시킨다.

4회기 : 몸으로 말해요

1. 활동목표

비언어적 의사소통을 통해 또래에게 표현하는 능력과 또래의 지지를 경험하기

2. 준 비 물

출석부, 스티커, 직업 단어카드(10개 정도), 감정 단어카드(10개 정도)

3. 활동내용

1) 몸으로 말해요

① 진행자는 미리 직업 단어카드를 준비해서 한 명씩 술래가 되어 단어를 몸으로 표현하게 한다.

【예】 축구선수, 요리사, 소방관, 군인, 교사, 의사, 가수 등

② 모두 한 번씩 돌아가면서 술래가 된다.

③ 정답을 맞히면 술래와 맞힌 사람 모두에게 스티커로 보상한다.

2) 표정 알아맞히기

① 감정 단어카드를 모두에게 똑같이 나누어준다.

② 진행자가 먼저 표정을 지은 후에 어떤 감정을 표현한 것인지 감정카드를 고르게 한다.

【예】 화나요, 속상해요, 슬퍼요, 무서워요, 기뻐요, 행복해요, 짜증나요 등

③ 한 명씩 돌아가면서 술래가 되어 한 가지 감정 표정을 짓고 또래들에게 맞히게 한다.

④ 정답을 맞히면 술래와 정답을 맞힌 사람 모두에게 스티커로 보상한다.

4. 기대효과

① 또래 앞에서 자신을 적극적으로 표현하게 된다.

② 또래 수용과 지지의 경험을 주고받음으로써 자기효능감이 향상된다.

5. 유의사항

좌절하지 않도록 진행자가 최대한 도움을 주며 먼저 시범을 보인다.

5회기 : 우리 함께해요

1. 활동목표

또래와의 긍정적 관계경험 속에서 서로의 욕구를 받아주고 공감하게 한다.

2. 준 비 물

출석부, 스티커, 스케치북, 전지, 색연필, 크레파스

3. 활동내용

1) 손 꾸며주기

① 모두 둘러앉아 돌아가면서 오른쪽에 있는 집단원의 손 본뜨기를 한다.

② 돌아가면서 한 명씩 자신이 원하는 손 모양을 말하게 하고 모두가 한 손가락씩 꾸며준다.

【예】 무슨 색깔로 칠해줄까?

③ 자신의 손을 보고 느낀 점을 이야기한다.

④ 다 그린 뒤 모두가 동의하는 제목을 붙여본다.

2) 함께 그려요

① 한 면의 스케치북에 한 명씩 돌아가면서 30초간 그림을 그리게 한다.

② 2~3번씩 돌아가면서 그림을 그린 후 완성된 그림을 감상한다.

③ 좋았던 점과 불편했던 점을 말하게 한다.

④ 전체 그림의 제목을 함께 정한다.

4. 기대효과

① 또래에게 자신의 욕구를 표현하고 수용 받는 경험을 통해 타인을 신뢰하게 된다.

② 또래와의 비언어적 집단 활동을 통해 서로의 생각을 공감할 수 있는 기회를 얻는다.

5. 유의사항

① 자신의 생각이나 고집대로 진행하지 않도록 진행자는 활동 취지를 충분히 설명한다.

② 서로에게 상처가 되지 않고 방해자가 나오지 않도록 스티커 보상을 활용한다.

손꾸며주기

함께 그려요

6회기 : 우리 서로 칭찬해요

1. 활동목표

또래들과 칭찬을 주고받음으로써 긍정적 또래관계 강화시키기

2. 준 비 물

출석부, 스티커, 다양한 색의 색종이

3. 활동내용

1) 색종이 모으기

① 한 명씩 다양한 색의 색종이를 준다.

② 각자 원하는 색을 정한 후 정해진 시간에 자신이 정한 색종이를 가장 많이 모으는 사람이 우승한다.

③ 색종이를 모으는 방법은 다른 또래에게 긍정적인 피드백을 준 뒤 내가 원하는 색종이를 받는다.

2) 우리 집에 왜 왔니?

① 두 팀으로 나눈 후 게임에 대해 설명해준다. 상대방의 팀원들을 전부 데리고 오면 게임이 끝난다. 상대방의 팀원을 본인의 팀으로 데리고 오는 방법은 구체적인 칭찬이나 장점을 이야기하고 데려올 수 있다.

② 진행자가 먼저 시범을 보인다.

【예】 수비 팀 : "우리 집에 왜 왔니, 왜 왔니 왜 왔니~"
공격 팀 : "꽃 찾으러 왔단다 왔단다 왔단다"
수비 팀 : "무슨 꽃을 찾으러 왔느냐 왔느냐~"
공격 팀 : "웃는 모습이 이쁜 ○○를 찾으러 왔단다 왔단다."

③ 선택한 사람은 상대팀의 칭찬과 장점이 마음에 들면 상대팀으로 이동할 수 있다.

4. 기대효과

① 긍정적 또래관계를 통해 타인 인식 수준을 높일 수 있다.
② 적극적 상호작용을 통해 타인 이해를 돕는다.

5. 유의사항

칭찬하는 것을 어색해할 때 또래들의 구체적인 칭찬이나 장점들에 대해 진행자가 시범을 보인다.

7회기 : 숫자 힘을 합쳐요

1. 활동목표

또래와의 협력 경험을 통해 성취감 얻기

2. 준 비 물

출석부, 스티커, 스케치북, 펜, 트럼프카드, 풍선

3. 활동내용

1) 카드그림 이어가기

① 가운데에 카드더미를 놓고 모두 둘러앉는다.

② 돌아가면서 한 사람씩 카드 한 장을 뽑고 그 카드의 그림과 숫자에서 연상되는 이야기를 한 문장으로 지어낸다.

【예】 옛날 별나라에 세 마을이 있었어요.

③ 또래들은 앞사람이 이야기한 것을 잘 듣고, 따라서 읽은 후 카드를 뽑아 자신의 이야기를 덧붙여 꾸며나간다.

【예】 옛날 별나라에 세 마을이 있었어요. 그 마을에는 나무 요정 6명이 살고 있었어요.

④ 꾸며진 이야기는 긍정적이고 성공적인 이야기로 결말을 짓는다.

⑤ 뽑은 카드는 카드더미 앞에 서로 원 모양이 되도록 차례로 놓는다.

⑥ 원이 완성되면 이야기를 멈추고 함께 이야기의 제목을 지어본다.

2) 풍선 치기

① 모두 둘러서서 서로의 손을 잡고, 잡은 손으로만 풍선을 친다.

② 풍선이 바닥에 떨어지거나 손이 아닌 다른 신체 부위에 닿으면 다시 시작한다.

③ 협동해서 5개, 10개, 20개 순으로 풍선 치기를 성공시킨다.

4. 기대효과

① 또래와의 협력이 주는 성취감이 타인 공감 능력으로 발달하게 된다.

② 또래와의 협동놀이를 통해 문제해결의 경험을 촉진시킨다.

5. 유의사항

① 카드그림 이어가기에서 앞사람의 이야기를 기억하기 힘들 때, 진행자는 종이에 써서 쉽게 기억하고 읽을 수 있게 한다.

② 풍선 치기를 할 때 규칙을 잘 지키도록 격려하면서 성공할 수 있는 팁을 알려준다.

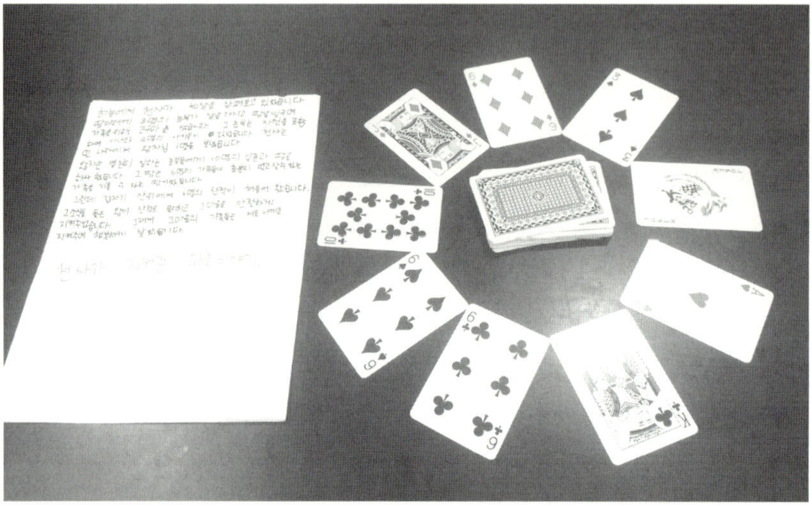

카드그림 이어가기

Memo

8회기 : 우리의 기분을 말해요

1. 활동목표

다양한 감정 단어와 감정 표현을 또래와 나누고 자신과 타인의 공통점과 차이점 찾기

2. 준 비 물

출석부, 스티커, 감정 젠가

3. 활동내용

1) 감정 젠가

① 감정 단어들을 적어놓은 감정 젠가를 준비한다.

② 젠가 게임을 하면서 나무막대를 뽑아 또래가 보지 못하게 가리고, 언제 그런 감정을 느꼈는지 자신의 경험을 말하고 그 단어를 또래들이 맞힌다.

③ 설명을 못하거나 또래들이 맞히지 못하거나 젠가가 무너지면 탈락한다.

④ 탈락자가 나오면 다시 시작하고 그 사람은 감정 단어만 맞힐 수 있다.

⑤ 끝까지 남은 사람에게 스티커로 보상해준다.

4. 기대효과

① 자신이 경험한 감정을 타인과 공유하면서 일체성을 느끼고 공감대를 형성하게 된다.

② 또래와 부정적 감정을 교류하면서 공동체 의식을 느끼게 한다.

5. 유의사항

① 젠가 게임을 활용하여 또래들의 흥미를 자발적으로 유도한다.

② 게임의 규칙을 잘 지키도록 적절히 제한한다.

감정젠가

9회기 : 부정적 감정의 피자 맛보기

1. 활동목표

평소 자주 느꼈던 자신의 부정적 감정을 찾아 또래의 지원을 통해 해소해 본다.

2. 준 비 물

출석부, 스티커, 피자 판 활동지, 색연필

3. 활동내용

1) 감정의 피자 판

① 내가 알고 있는 감정에 대해 이야기해 본다.

【예】 기쁘다, 화가 난다, 황당하다, 짜증난다, 행복하다, 부끄럽다, 창피하다, 우울하다 등

② 오늘 하루 자신에게 있었던 일들을 이야기하고 그때 느꼈던 감정들을 찾아본다.

③ 감정의 피자 판에 내가 느낀 감정을 적고 언제 느꼈는지 상황들을 간단하게 작성한다.

④ 피자 판 토핑을 이용하여 감정 피자 판을 꾸민다.

⑤ 감정 단어 피자조각을 잘라서 서로 나누어 먹어보고 그 맛을 이야기하게 한다.

【예】 화가 나는 피자조각을 먹어보니 배가 아프다. 너는 진짜 많이 먹어서 배가 엄청 아팠겠다.

4. 기대효과

① 자신의 부정적 감정을 표현하고 또래들과 나누면서 감정을 자연스럽게 표출할 수 있는 기회를 얻는다.

② 또래들과 부정적 감정을 공유하고 해소하는 방안을 경험해본다.

5. 유의사항

① 진행자가 먼저 시범을 보여서 참여방식을 잘 이해할 수 있도록 한다.

② 꾸미기에 너무 시간을 할애하지 않도록 주의하며, 서로 부정적인 피자 맛을 보고 느낀 점을 솔직히 표현하도록 촉진시킨다.

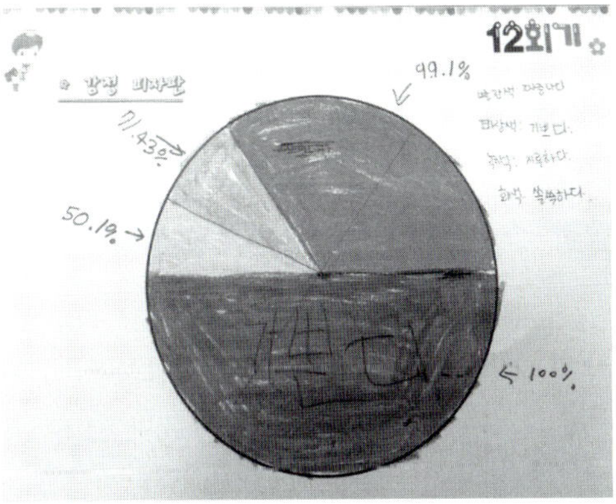

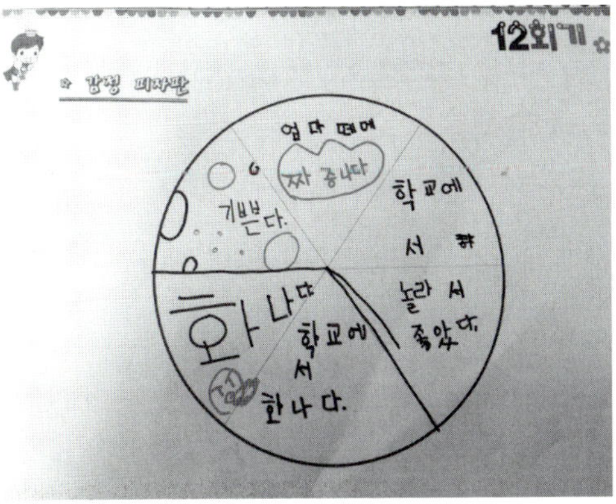

감정의 피자판

10회기 : 두려운 감정을 날려 보내요

1. 활동목표

부정적 감정을 주는 인물에 대해 구체적으로 생각해보고 이를 해소한다.

2. 준 비 물

출석부, 스티커, 감정 항아리, 풍선, 매직

3. 활동내용

1) 감정 항아리

① 내가 느낀 감정 중 기분 좋은 감정, 걱정스러운 감정, 화난 감정을 생각해본다.

② 세 감정 항아리에 그 감정을 자주 주는 인물을 찾아 쓴다.

③ 한 사람씩 돌아가면서 각각의 감정 항아리에 담은 인물에 대한 이유를 설명하게 한다.

【예】 엄마는 내가 실수하면 무조건 화를 내서 두려워요.

2) 풍선 얼굴 그리기

① 진행자는 '나에게 힘이 되어주는 사람'이나 '날 화나게 하는 사람'이 있는지 묻고 그 이유를 이야기하게 한다.

② 불고 싶은 만큼 풍선을 분 후에 떠올린 사람의 얼굴을 그려본다.

③ 평소 그 사람에게 하지 못했던 말이나 행동을 하게 한다.

> **[예]** 껴안으면서 "고마워요." 풍선을 터뜨리면서 주먹으로 때려주기
> "넌 내 친구가 아니야. 나를 그만 괴롭혀."

① 억압하고 부정했던 감정들이 표출됨으로써 부정적 행동 또한 감소하게 된다.

② 지지와 수용, 안전한 매개체를 통해 감정을 발산하도록 하여 조절력을 갖게 한다.

5. 유의사항

① 부정적 감정을 쏟아내기만 하지 않고 자신의 입장을 충분히 설명할 수 있도록 촉진한다.

② 부정적 감정을 가지고 마무리하지 않도록 느낀 점을 나눌 때 충분한 수용과 지지가 필요하다.

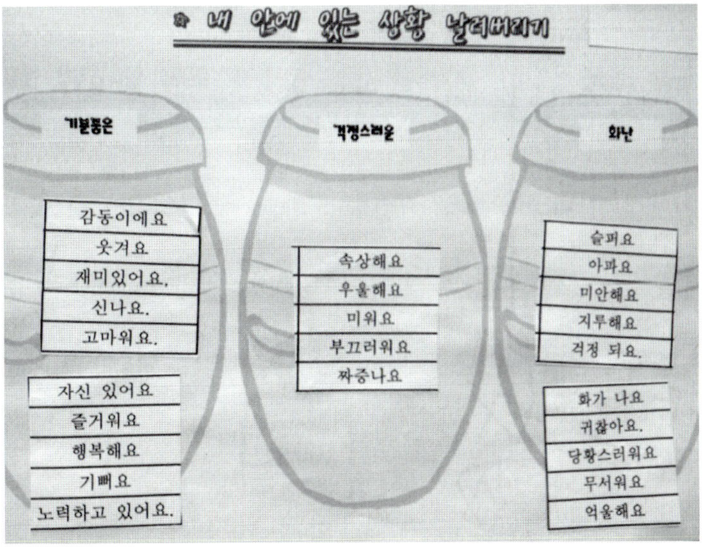

감정 항아리

11회기 : 변화의 동기 만들기

1. 활동목표

현재 자신의 상황 속에서 어려움이나 문제점을 인식하여 변화의 동기 찾아보기

2. 준 비 물

출석부, 스티커, 함정 그림 및 벽 그림 활동지, 펜, 색연필

3. 활동내용

1) 함정

① "내가 함정에 빠졌을 때?"

진행자는 그림을 보고 "커다란 웅덩이 안에 빠져 있다. 그 안은 너무 깊은 웅덩이어서 혼자의 힘으로는 빠져나올 수 없는 곳이다. 내가 이런 함정에 빠졌을 때 나를 도와줄 사람을 네 명 생각해보자."라고 이야기해준다. 함정에 빠진 자신을 도와줄 네 명의 사람을 생각하고 써보도록 한다.

② "함정에서 올라와서 생기는 일"

두 번째 활동지에는 함정에서 탈출한 뒤에 무슨 일이 일어났는지 그 뒷이야기를 그림으로 그려보게 한다.

③ "그리고 또?"

세 번째 활동지에는 그러고 나서 무슨 일이 일어났는지, 어떻게 마무리되었는지 물어보고 그리게 한다.

4. 기대효과

① 또래집단 속에서 자신의 어려움을 솔직하게 표현함으로써 문제해결을 위한 동기를 얻도록 촉진한다.

② 자신이 처한 환경을 인식하고 변화의 동기를 얻는다.

5. 유의사항

함정 그림 이후의 이야기를 구성할 때 긍정적인 결론이 나오도록 진행자가 유도한다.

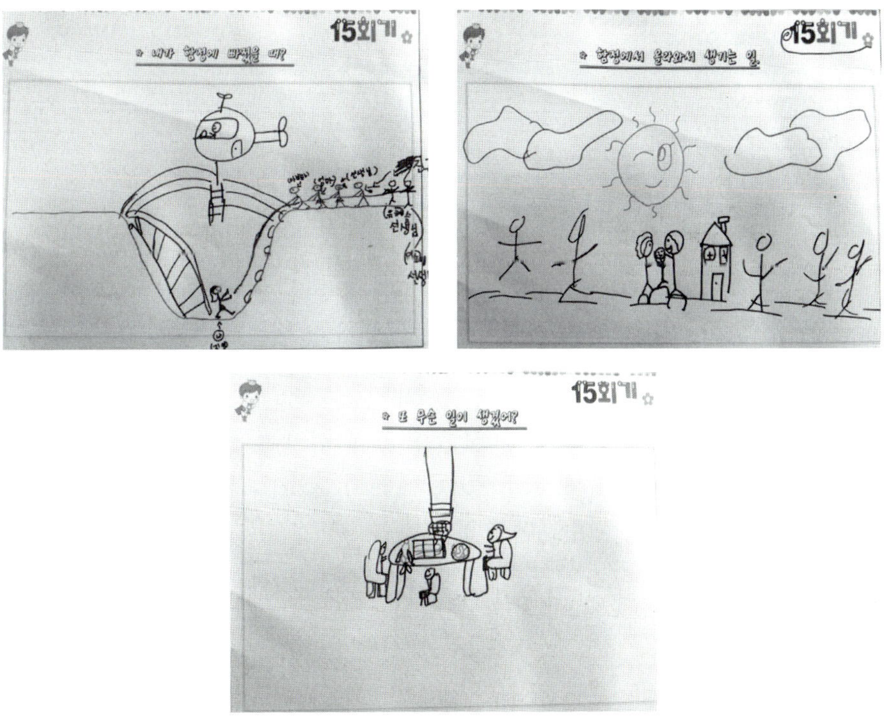

함정

12회기 : 변화의 걸림돌 살피기

1. 활동목표

문제인식을 통해 변화과정을 구체적으로 살펴보기

2. 준 비 물

출석부, 스티커, 벽 그림 활동지, 펜, 색연필

3. 활동내용

1) 벽

① 벽 사이에 반드시 공간을 두고 종이의 왼쪽에는 현재 나를 힘들게 하는 사람을, 오른쪽에는 자신의 이름을 쓴다.

② (활동지의 점선을 접어 둘이 가까이 마주보고 있도록 한다) 함께 재미있게 놀고 있고, 서로의 이야기 들어주기를 멈출 수 없다고 설명하게 한다.

③ (접은 종이를 펴서) 그러나 지금 어떤 사건이 생겨서 둘 사이에 행복한 일이 중단되었다고 하고, 가로막고 있는 것이 무엇인지 네 가지를 생각해서 활동지에 적어본다.

④ 벽이 그려지고 나면, 각각의 어려움을 이겨내는 방법으로 이야기를 나누면서 각각의 '벽돌'에 X표를 그어 남김없이 지운다.

⑤ 벽돌을 다 지우고 난 후에는 종이를 다시 접어서 벽이 보이지 않도록 하고 해결되었음을 알린다.

4. 기대효과

① 타인의 어려움을 함께 공감하고 서로를 격려하게 된다.

② 변화를 위한 문제인식을 함으로써 구체적인 변화과정을 다룰 수 있는 능력을 갖게 된다.

5. 유의사항

벽을 해결할 수 없을 때는 진행자가 도움을 주거나 또래들의 피드백을 들어보고 선택할 수 있게 한다.

벽

13회기 : 스트레스 감소시키기

1. 활동목표

변화를 위한 준비단계로서 또래와 함께 스트레스 감소 방안 마련하기

2. 준 비 물

출석부, 스티커, 30일이 적혀 있는 달력판, 색연필, 매직펜

3. 활동내용

1) 행복한 달력 만들기

① 행복한 달력 소개하기

진행자는 "이 달력은 내가 생각만 해도 입에 미소가 지어질 수 있게 행복한 일들이 가득 일어나는 달력이야, 우리 모두가 가장 행복하게 지낼 수 있는 한 달을 만들어보자."고 제안한다.

② 또래들이 함께 참여하여 서로 무엇을 했을 때 행복할 수 있는지 의논하여 자신이 고대하는 항목을 최소한 하루에 한 개 이상 구체적으로 적도록 한다.

【예】 놀이동산 가기, 친구들과 뛰어놀기, 생일파티하기, 초대받기 등

③ 설정한 것을 이루기 위해 구체적인 계획들도 들어가도록 한다.

④ 30일을 기준으로 모두 채워졌으면 돌아가면서 자신이 생각하기에 가장 행복한 날에 대해 이야기해보고 이유를 듣는다.

4. 기대효과

① 또래 협동 작업을 통해 변화하고자 하는 동기가 강화된다.

② 스트레스 감소를 위한 또래들과의 협력 작업을 통해 다양한 대안을 마련하게 한다.

5. 유의사항

또래들이 모두 동의할 수 있는 방안들이 마련될 수 있도록 진행자가 토론이나 합의를 이끌어낸다.

행복한 달력

14회기 : 내 안의 자원 찾기

1. 활동목표

또래와 함께 문제를 해결할 방안을 위한 구체적인 자원을 찾아본다.

2. 준 비 물

출석부, 색연필 또는 크레파스, 스케치북, 안전한 병사 활동지, 필기류

3. 활동내용

1) 안전한 병사

① 벽 활동에서 내가 해결해야 할 과제들을 다시 생각하게 하고, 어떤 방법으로 해결해왔는지 이야기를 나누게 한다.

② 안전한 병사 활동지를 나누어주면서 내가 상처받지 않고 먼저 안전하게 무장해야 한다고 설명한다.

③ 각각 장신구에 이름을 부여하고 구체적인 보호 목록을 작성할 수 있도록 이야기를 나눈다.

- 칼 : 정확한 칼. 내가 싫어하는 것에 대해 정확하게 이야기할 수 있는 칼
- 헬멧 : 내 중요한 부분을 방어해주는 것. 친구나 선생님, 부모님에게 도움을 요청한다.
- 방패 : 위험으로부터 보호해주는 것, 나에게 상처 주는 말을 했을 때 그것을 무시한다.
- 벨트 : 내가 힘을 낼 수 있도록 허리를 단단하게 해주는 것. 선생님

께 도움을 요청하거나 긍정적인 생각을 한다.

- 부츠 : 아프지 않도록 나를 보호해주는 것. 스트레스를 풀 만한 활동을 한다.

④ 이야기를 나눈 후 목록을 보고 각자 자신의 안전한 병사를 꾸미게 한다.

4. 기대효과

① 집단 활동을 통해 문제해결 방안을 보다 손쉽게 다룰 수 있게 된다.

② 또래와의 공감을 통해 자신의 자원을 찾게 된다.

5. 유의사항

또래의 의견에 일방적으로 동의하지 않도록 개개인의 의견을 충분히 반영해준다.

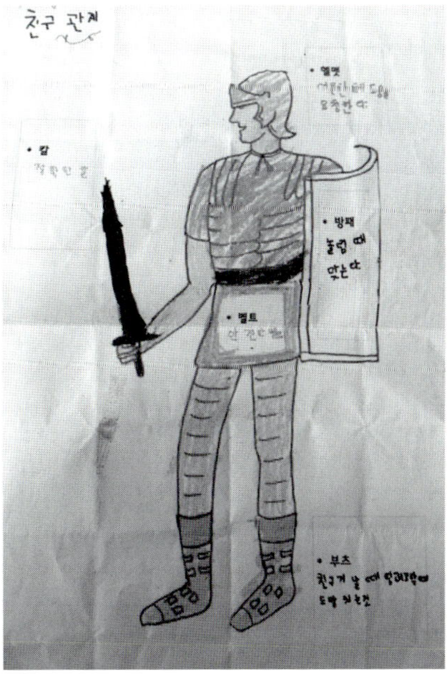

안전한 병사

15회기 : 가족과 친구의 자원 찾기

1. 활동목표

문제를 해결할 방안을 위한 구체적인 자원을 가정과 주변에서 찾아본다.

2. 준 비 물

출석부, 색연필 또는 크레파스, 손 모양 활동지, 필기류

3. 활동내용

1) 안전한 손

① 모두에게 손 모양의 활동지를 주고 자신을 안전하게 해줄 수 있는 성인 5명을 적게 한다.

【예】 안전하지 못하다고 느낄 때나, 나쁜 일이 생길 때 부를 수 있는 성인 5명을 손가락 에 적으세요.

② 적어 넣은 사람에 대해 얼마나 알고 있는지 살펴본다.

【예】 전화번호를 기억하나요? 내가 도움이 필요할 때 어떻게 찾을 수 있나요? 등

③ 손 모양의 활동지를 하나 더 나누어주며, 자신을 안전하게 해줄 수 있는 친구 다섯 명을 적게 한다.

④ 친구를 적고 나면 그 친구에 대해 내가 아는 것을 적어본다.

【예】 전화번호, 다니는 학원, 어디 사는지, 좋아하는 활동, 좋아하는 게임 등

⑤ 친구에 대한 정보를 잘 모를 때는 그 친구에 대한 앙케트를 해 오도록 과제를 내준다.

4. 기대효과

① 가족과 또래관계 안에서 지지자를 얻게 된다.

② 가족 및 또래 자원을 통해 효과적인 문제해결 방안에 접근하게 된다.

5. 유의사항

① 진행자는 사전에 개개인의 정보를 수집하여 지지자 찾기를 적극적으로 돕는다.

② 자원을 찾기 힘들 경우 진행자나 또래가 협력할 수 있도록 돕는다.

안전한 손(친구)

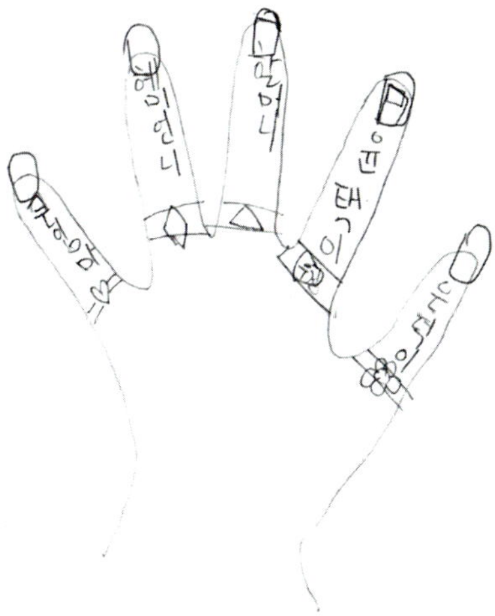

안전한 손(가족)

16회기 : 문제해결 방안을 위한 목표 세우기

1. 활동목표

문제를 해결할 방안을 찾기 위해 또래의 지지체계를 활용한다.

2. 준 비 물

출석부, 스티커, 색연필 또는 크레파스, '정상을 향하여' 활동지, 포스트잇, 필기류

3. 활동내용

1) 우리는 해결사

① 정상을 향하여 산을 오르려 하는데 다양한 장애물이 있다. 어떤 것이 있는지 적게 한다.

② 한 명씩 돌아가며 고민에 대해 이야기하고 자신의 판을 모두가 볼 수 있게 세워놓는다.

③ 모두에게 포스트잇을 준비하여 나누어준 후에 그 문제의 해결사가 되어 고민을 해결할 수 있는 방법을 적게 한다.

④ 해결 방법을 적은 것에 대해 살펴보고 필요한 것을 선택하여 장애물에 붙인다.

4. 기대효과

또래들의 다양한 해결방안과 지지를 통해 문제해결력을 키우게 된다.

5. 유의사항

진행자는 또래들이 진지하게 참여하도록 먼저 해결방안을 제시해본다.

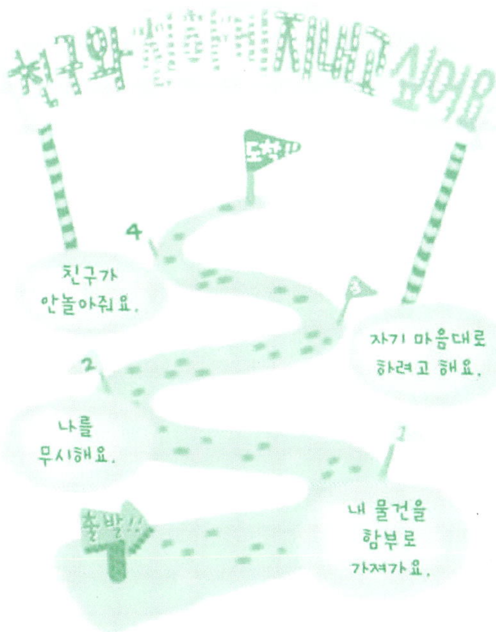

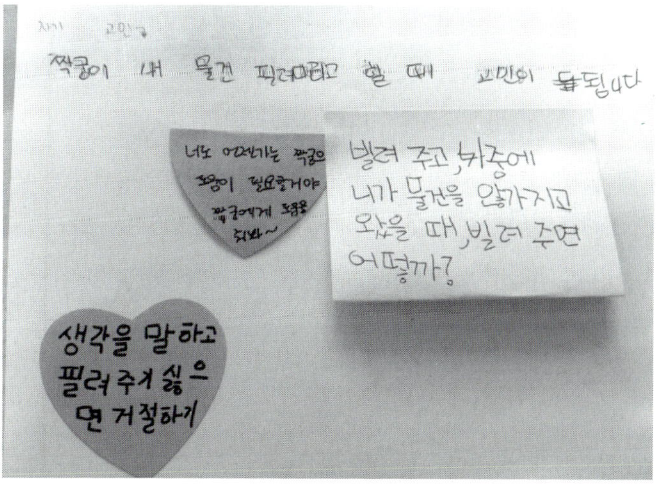

우리는 해결사

17회기 : 문제해결 방안을 위한 지지체계 갖기

1. 활동목표

좌절이나 실패경험을 이야기하고 또래지지를 통해 새로운 도전 시도하기

2. 준 비 물

출석부, 투명 통, 검정 물감, 물, 종이컵, 물 담은 큰 통, 물 버릴 통

3. 활동내용

1) 맑은 물 붓기

① 해결하고자 하였으나 실패했던 경험과 부정적 감정을 단어장에 적어 보기

② 순서를 정한 후에 한 장씩 맑은 물이 담긴 통에 넣으면서 고백하기

③ 이야기를 한 후 진행자가 "이런 속상한 마음들이 모여 ○○의 마음속이 이렇게 검은색이 되었단다."라며 맑은 물이 담긴 통에 검은 물감을 한 방울 떨어뜨린다.

④ 또래들이 힘이 되는 말, 자신의 경험 등 위로와 지지의 말을 하면서 종이컵에 맑은 물을 담아 검은 물이 된 통에 붓는다.

⑤ 그 통 안이 맑은 물로 바뀌면 다짐을 하게 하고 다음 사람이 진행한다.

4. 기대효과

① 해결하고자 하는 동기에 긍정적 힘을 실어준다.

② 또래들에게 받는 지지경험을 통해 부정적 감정을 해소하게 된다.

5. 유의사항

맑은 물 붓기를 할 때 검은 물감을 너무 많이 넣으면 맑은 색으로 변하기 어려우므로 묽게 탄 것을 한 방울 떨어뜨린다.

18회기 : 문제해결 방안 마련하기

1. 활동목표

문제해결을 위한 방안을 구체적인 이야기로 구성하여 연습해보기

2. 준 비 물

출석부, 스티커, A4용지, 필기류, 손인형

3. 활동내용

1) 손인형극

① 그동안 자신의 어려운 문제는 무엇이었고, 해결하기 위해 무엇을 했는지 자서전을 쓴다.

② 다 쓰고 나면 모두 마음에 드는 손인형을 하나씩 선택하게 한다.

③ 손인형에게 자신의 역할을 시키고 주인공이 되어 역할극을 해본다.

④ 또래들도 자신들이 선택한 손인형을 가지고 함께 역할극에 참여할 수 있도록 한다.

4. 기대효과

① 손인형극이라는 극놀이를 통해 문제해결 방안을 연습함으로써 자신감을 얻게 된다.

② 극놀이에서의 또래 지지가 문제해결력을 키우도록 돕는다.

5. 유의사항

① 손인형극을 어려워하는 아동들에게는 진행자가 모델링이 되거나 함께 참여한다.

② 극놀이의 형식을 극대화하기 위해 무대 및 분위기를 미리 조성한다.

19회기 : 미래 설계하기

1. 활동목표

변화된 나를 구체적으로 경험하기

2. 준 비 물

출석부, 인생 게임판, 포스트잇, 주사위

3. 활동내용

1) 인생 게임판 만들기

① 인생 게임판을 보여주고 함께 내용을 만들어갈 것이라고 소개한다.

② 내가 이루고 싶은 꿈, 살면서 나에게 일어났으면 좋은 일, 행복한 사건, 힘든 사건 등을 종이에 기록하도록 한다.

③ 인생 게임판 중간중간에 그룹원이 작성한 것을 붙여 인생 게임판을 완성한다.

2) 인생 게임

① 인생 게임판이 완성되면 처음과 마지막을 정해놓은 후에 순서를 정한다.

② 순서를 정하고 주사위를 굴려 나오는 칸 수만큼 이동한다. 칸에 도착했을 때는 쓰여 있는 게임판을 읽고 자신의 느낌을 이야기해야 이동할 수 있다.

③ 먼저 도착지점에 닿은 사람이 이기는 게임이다.

4. 기대효과

① 자신이 설계한 변화된 나의 모습을 구체적으로 표현해봄으로써 자기효능감을 얻는다.

② 자신의 인생게임을 또래들과 함께 돌아보면서 지지경험을 갖게 된다.

5. 유의사항

① 인생 게임판 중간에 진행자가 구체적으로 어떤 내용을 적어야 하는지 써놓는 것도 쉽게 칸 채우기에 도움이 된다.

② 인생게임을 할 때 흥미를 유발하기 위해 중간에 '꽝! 한 번 더', '초콜릿 하나' 등을 쓸 수도 있다.

③ 먼저 도착한 아동에게 작은 상품이나 스티커 보상을 활용하는 것도 도움이 된다(단, 지나치게 경쟁적인 그룹에서는 유의하도록 한다).

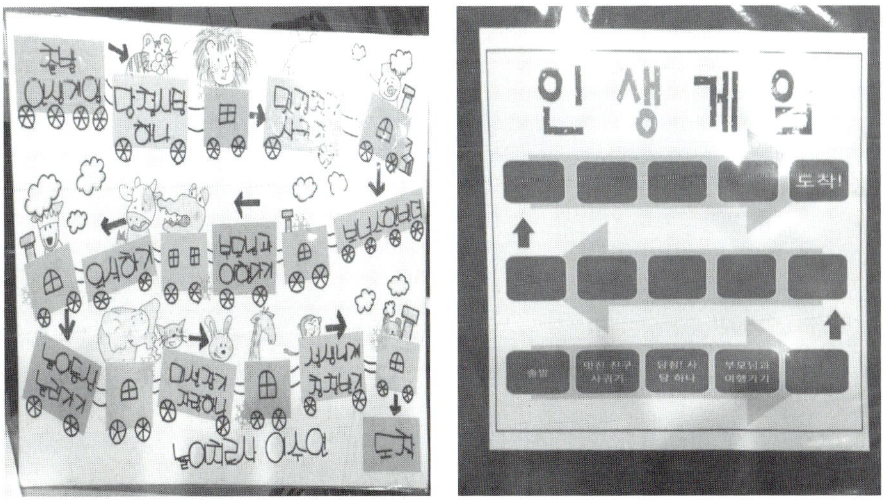

인생 게임

20회기 : 문제해결을 축하합니다

1. 활동목표

문제해결능력을 지지하기 위한 의식을 치른다.

2. 준 비 물

출석부, 인터뷰 내용이 적힌 메모장, 전지, 필기도구, 빵, 생크림, 케이크 장식용 재료들

3. 활동내용

1) 기자 되어보기

① 활동에 참여한 또래들이 기자가 되어 한 명씩 돌아가면서 인터뷰를 하게 한다.

② 인터뷰 내용이 적힌 메모장을 나누어주고 인터뷰 내용을 기록하게 한다.

> 【예】 이번 프로그램에 참여하면서 가장 좋았던 점은?
> 나에 대해 새롭게 발견한 점은?
> 내가 해결한 문제는?
> 또래들에게 하고 싶은 말은?

③ 돌아가면서 인터뷰한 내용을 기사로 쓰고 진행자는 발행인이 되어 신문을 발간한다.

2) 축하케이크 만들기

① 케이크를 꾸밀 수 있는 빵을 미리 준비해서 다 같이 모여 생크림케이크를 만든다.

② "문제해결을 축하합니다."라는 문구를 써넣는다.

③ 다 같이 초를 불고 함께 축하하며 케이크를 자르고 나누어 먹는다.

4. 기대효과

① 활동에 참여한 자신에 대해 자부심을 느끼게 된다.

② 자기가치감 향상을 경험한다.

5. 유의사항

① 인터뷰를 진행할 때 진행자가 먼저 모델링을 해준다.

② 신문을 발간할 때 진행자는 ○○○ 기자라고 명명하며 진지하게 참여하도록 돕는다.

프로그램명 2

인지기술향상을 위한 응용음악 프로그램

1회기 : 프로그램 소개 및 서로 알아가기
2회기 : 리듬 모방하기
3회기 : 목표 리듬에 집중해 연주하기
4회기 : 음악적 단서 변화에 따라 다른 과제 수행하기
5회기 : 두 가지 다른 과제를 번갈아가며 수행하기
6회기 : 우리만의 리듬 만들기
7회기 : 리듬 이어 만들기
8회기 : 순시화된 노래 만들기
9회기 : 그룹 안에서 음악적 역할 담당하기
10회기 : 밴드 연주 경험하기
11회기 . 간단한 멜로디 연주하기
12회기 : 간단한 멜로디 연주하기
13회기 : 창작 리듬 및 멜로디 구성 1
14회기 : 창작 리듬 및 멜로디 구성 2
15회기 : 드럼 패턴 연주하기 1
16회기 : 드럼 패턴 연주하기 2
17회기 : 전체 음악 구성하기
18회기 : 창작곡 가사 만들기
19회기 : 공동으로 음악 녹음하기
20회기 : CD 완성하기

학습 과정에 있어 주의와 기억, 정보의 적절한 처리 등과 관련된 기술은 가장 기초적인 토대가 된다(노석준, 2006; 문선모, 2008). 외부로부터 제공된 자극은 감각기관을 통해 즉각적으로 수용될 수는 있지만, 초기 처리 과정에서 의미 있는 정보로 저장되거나 이후 지속적으로 시연 혹은 인출되지 않으면 장·단기적으로 보유될 수 없기 때문이다(이정모 외, 2009). 이러한 정보 처리와 학습 과정에 있어 환경적·맥락적·정서적 요인은 중요한 역할을 한다. 어떠한 환경에서 제시된 자극에 대한 선택적 처리가 이루어지고, 그 환경적 맥락에서 어떤 정서가 경험되었는지에 따라 정보에 대한 처리 및 저장뿐만 아니라 학습에 대한 동기가 달라지기 때문이다(Banich, Mackiewicz, Depue, Whitmer, Miller & Heller, 2009).

이러한 측면에서 음악적 훈련, 음악적 환경은 학습과 인지 기술 향상에 긍정적인 영향을 끼치는 것으로 드러났다. 계속적인 스트레스는 뇌 기능의 효율성뿐만 아니라 구조적 변화에까지 부정적 영향을 끼치는 데 비해(McEwen & Sapolsky, 1995), 음악적 훈련 및 경험은 인지 및 학습에 관여하는 뇌 기능을 활성화시켜 긍정적인 뇌 구조 변화로까지 이어지는 것으로 나타났다(Särkämo, Tervaniemi & Huotilainen, 2013). 음악은 제시된 자극에 대한 주의를 유도하거나 정보에 대한 지속적·선택적·통합적 주의 및 처리를 촉진시킨다(Drake, Jones & Baruch, 2000; Thaut, 2009). 음악적 구조화를 통해 정보가 전달되면 정보 처리 시의 부호화·범주화 과정이 촉진되어 해당 정보는 효과적으로 처리할 만한 수준으로 변환된다(Silverman, 2007). 그뿐만 아니라 효과적인 기억 전술로서의 음악 사용 등 인지적 정보 처리에 있어 구체적이고 직접적인 매개체로서의 음악의 기능도 계속적으로 검증되어 왔다(McElhinney & Annett, 1996; Wessel, & Kroenke, 1998).

이에 근거해볼 때 음악적 접근은 학습에 있어 필요한 인지 기술을 습득하거나 발달시키는 데 있어 내재적인 자원 및 외부적인 지원이 부족한 아동, 청소년을 위한 효과적인 전략이 될 수 있다. 또한 학습 과정에서 경험된 긍정적 정서는 기억을 증진시키고 학습에 대한 동기를 고취시키는 데 효과적이라는 점을 볼 때, 인지적 과제 수행에 있어 긍정적인 정서적 맥락을 제공해주는 음악적 경험은 해당 대상군에게 인지 기술 습득을 위한 기회에 자발적으로 참여하고자 하는 내적 동기를 제공해줄 수 있을 것이다.

■ 프로그램 개요

주의력, 기억력, 정보 처리, 기초 사회기술 등의 기초 인지기능에 어려움이 있고, 기초 학습기술을 습득하지 못한 대상자를 위한 프로그램으로, 리듬훈련, 그룹 연주, 그룹 음악 만들기 등을 통해 인지기술 향상을 목표로 한다. 각 회기별로 50분씩, 총 20회기의 프로그램이 진행된다.

■ 프로그램 대상

본 프로그램은 초등학교 고학년 및 중학생을 대상으로 한다. 고기능장애, 학습부진, 학교 부적응, 정서장애 등 기초적인 학습에 필요한 인지기술이 부족하고 이로 인해 일반적인 교육과정에서 소외된 아동, 청소년이 본 프로그램을 효과적으로 적용할 수 있는 대상이다.

■ 프로그램 목적 및 목표

- 기초 인지기술 향상을 통한 내재적인 학습 참여 및 동기 증진

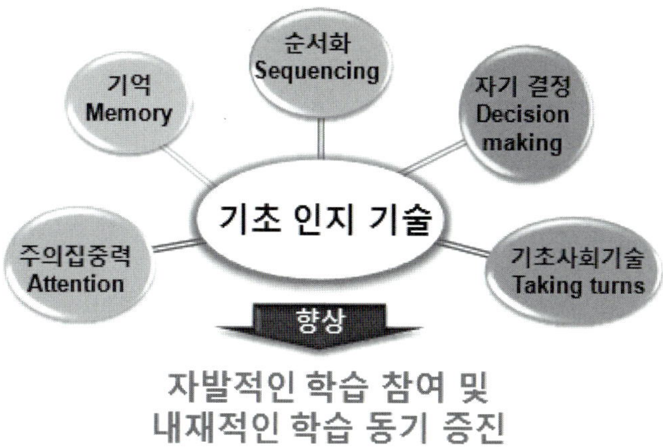

■ 프로그램 진행과정

[1단계] 음악적 주의 제어 기초 훈련(총 5회기) ➔ [2단계] 기초 인지 훈련(총 5회기) ➔ [3단계] 미디 프로그램을 활용해 그룹 창작 음악 완성하기(총 10회기)

■ 기대효과

- 단계별 집중 훈련을 통한 학습 및 과제에 대한 주의 집중력 향상
- 기초 인지기술 훈련을 통한 자발적 학습 참여 동기 향상
- 성공적인 과제 수행을 통한 내재적인 성취동기 향상
- 성공적인 음악 경험을 통한 자기효능감 향상
- 긍정적인 그룹 음악 경험을 통한 상호교류 및 사회기술 향상

1회기 : 프로그램 소개 및 서로 알아가기

1. 활동목표

그룹원 간 관계 형성

2. 준 비 물

악기 – 키보드, 카바사, 클래터필러, 패들드럼, 에그쉐이커

비음악적 도구 – 스톱워치, 주의집중력 검사지, 필기도구, 소개 질문지, 규칙판

3. 활동내용

1) 프로그램 소개

① 프로그램의 전반적인 내용(프로그램이 진행되는 기간, 요일, 시간과 장소 등)에 대해 간단하게 설명한다.

② 강사의 이름을 소개하고, 대상자들의 이름을 서로 소개하도록 한다.

2) FAIR 주의집중력검사 실시

강사가 사전에 숙지한 검사 실시 절차를 따라 과제 설명 ➔ 연습 문제 ➔ 검사 1 실시 ➔ 검사 2 실시의 순서로 검사를 실시한다.

3) 서로에 대해 알아보기

① 대상자들이 원을 그려 앉도록 한다.

② 카바사 한 개를 제공하고, 리듬적 큐에 맞추어 차례대로 악기를 옆 사람에게 전달하는 과제를 모델링한다. '연주하고' 부분에서는 카바사를 짧게 연주하고, '전달' 부분에서는 옆에 앉은 대상자에게 악기를 전달한다.

③ 모델링 후, 대상자들에게 악기 전달하기 과제를 수행하도록 한다.

④ 대상자들이 주가적인 족진 없이 악기 전달하기가 가능해지면, 악기 하나(클래터필러)를 추가해 두 가지 악기가 원 안에서 동시에 전달되도록 한다. 이때부터는 리듬적 큐를 소거하고 키보드를 사용해 반주를 제공한다.

⑤ 강사의 추가적인 촉진 없이 전달하기가 지속되면, 사전 단서 없이 반주를 중단해 대상자들이 음악적 큐와 함께 악기 전달하기를 멈추도록 한다.

⑥ 연주 및 전달하기가 중단된 상태에서 카바사를 가지고 있는 대상자가 제공된 질문지 중에서 하나를 뽑아 읽고, 클래터필러를 가지고 있는 대상자가 그 질문에 대해 대답한다. 질문지는 사전에 강사가 준비하며, 대상자의 음악 선호도, 이전의 음악 경험, 가능한 음악 기술 등을 평가할 수 있는 질문(좋아하는 가수, 다룰 수 있는 악기, 배우고 싶은 악기, 좋아하는 노래 등을 묻는 질문)으로 구성한다.

〈활동의 기본 구조〉

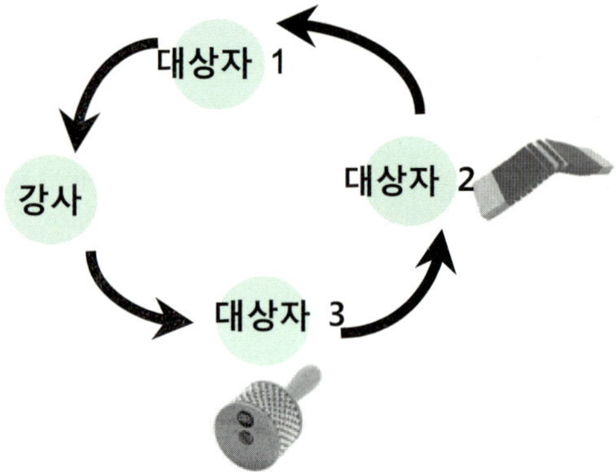

* 화살표 방향으로 악기를 전달하다가 음악이 멈추고 옆의 도식과 같은 상태가 되면, 대상자 3이 질문지를 뽑고 대상자 2가 그 질문에 대답하게 된다.

⑦ 각 대상자가 최소한 2회 이상 질문에 대답할 수 있는 기회를 받을 때까지 ④~⑥까지의 절차를 반복한다.

4) 규칙 정하기

① 프로그램 내에서 지켜야 할 규칙에는 어떤 것이 있을지 이야기해본다.

② 대상자들이 논의한 내용을 바탕으로 규칙을 정리하고, 종이에 적는다. 대상자들이 자발적으로 규칙을 정하는 데 어려움이 있거나 적절치 못한 규칙을 이야기하는 경우, 강사가 몇 가지 예를 제시해 그중에서 대상자들이 선택하도록 한다.

5) 리듬 전달하기

① 각 대상자에게 패들드럼을 제공해 패들드럼 뒷면이 위를 향하게 들도록 한다. 패들드럼 뒷면에 생긴 공간에 에그쉐이커를 넣고 손잡이만 잡은 상태로 옆 사람에게 에그쉐이커를 전달하도록 한다.

② 에그쉐이커가 한 바퀴를 돌아 전달되면, 하나를 추가해 같은 방식으로 전달한다. 에그쉐이커가 패들드럼에서 떨어질 때까지 전달하기가 지속

되고, 에그쉐이커 최대 개수는 대상자의 기능 수준을 고려해 강사가 결정한다.

③ 에그쉐이커 전달하기가 끝나면 같은 방식으로 '리듬 전달하기' 과제를 제시한다. 강사가 연주한 리듬을 한 사람씩 차례로 모방하는 방식으로 리듬을 전달하도록 한다. 처음에는 낮은 난이도의 리듬 패턴(1회, 혹은 2회의 박 연주)에서 점점 난이도를 높여가며(4박의 리듬 패턴) 리듬을 전달한다.

6) 프로그램 요일과 시간, 장소 등을 확인하면서 프로그램을 마무리한다.

4. 기대효과

그룹 내에서의 자기 및 타인 인식 증가

5. 유의사항

1, 2단계 프로그램에서는 회기에 따라 리듬 패턴 작곡이나 가사 만들기 등이 진행되기 때문에 작업한 내용을 보관할 수 있는 바인더나 폴더 등을 대상자별로 준비하는 것이 좋다.

2회기 : 리듬 모방하기

1. 활동목표

지속적 주의집중(sustained attention) 훈련

2. 준 비 물

악기 – 붐웨커, 패들드럼, 난타 북(대상자 수에 맞춰)

3. 활동내용

1) 리듬 모방하기

① 대상자들에게 붐웨커를 제공한다.

② 강사가 연주한 리듬을 한 사람씩 차례로 모방하는 방식으로 리듬을 전달하도록 한다. 처음에는 낮은 난이도의 리듬 패턴(1회, 혹은 2회의 박 연주)에서 점점 난이도를 높여가며(4박의 리듬 패턴) 리듬을 전달한다.

③ 각 대상자가 모방(전달)될 연주를 제시하는 역할을 맡도록 한다.

④ 추가적인 촉진 없이 리듬 모방(전달)하기가 이루어지면, 모방되고 있는 리듬이 처음 연주를 시작한 사람에게까지 전달되기 전에 새로운 리듬을 제시함으로써 원 안에서 동시에 두 개의 리듬이 모방되도록 한다.

2) 지속적 주의집중 훈련

① 각 대상자에게 패들드럼을 제공한다.

② 강사가 4박의 리듬 패턴을 지속적으로 변화시키며 제시하고(예 : ♩ ♩ ♩ ♩ → ♩ ♩ ♫ ♩ → ♫ ♫ ♩ ♩), 대상자들이 이 리듬 패턴 변화를

모방하도록 한다.

③ 강사의 역할(리듬 제공)을 대상자가 돌아가며 맡으면서 그 대상자의 리듬 변화를 나머지 대상자들이 모방하도록 한다. 이때 리듬을 변화시킬 수 있는 횟수를 제한해주고, 모방이 진행되는 동안 그 횟수를 강사가 잘 확인해 적정한 수준에서 리듬 제공이 이루어질 수 있도록 한다.

④ 대상자들이 차례로 리더의 역할(연주 방법을 지시하는 신호 제공)을 맡는다.

3) 그룹 난타 북 연주

① 각 대상자들에게 난타 북을 제공한다.

② 대상자들과 함께 난타 북을 연주하는 데 있어 필요한 규칙 등에 대해 이야기한다. 연주 시작 전에는 난타 북을 매고 있는 줄을 팽팽하게 만들고, 연주 후에는 다시 줄을 느슨하게 하는 방법을 제시하고, 그 역할을 대상자들이 할 수 있도록 설명한다.

③ 강사는 규칙적인 비트를 유지하며 기본 박을 연주하고, 그 안에서 대상자들은 자유롭게 연주할 수 있도록 한다.

④ 리듬적 큐(4-3-2-1-그만)와 함께 연주를 중단하고, 다시 비언어적 큐(손가락을 차례로 펴서 1-2-3-4의 단서가 전달되도록 하거나 예비 박과 시작 큐를 전달하는 손 제스처를 사용할 수 있음)를 사용해 연주가 다시 시작되도록 한다.

⑤ ③과 ④의 절차를 여러 차례 반복하면서 강사의 비언어적 신호에 따라 'Stop & Go' 형태의 연주가 진행되도록 한다.

⑥ 그룹 내에서 각자에게 음악 혹은 악기를 탐색하는 기회가 충분히 제공된 후, 모든 대상자들이 기본 박 패턴(♩ ♩ ♩ ♩ ♩ ♩ ♩ ♩)을 일정하게 연주하도록 유도한다. 각 박에 1~8까지의 숫자가 배정되었다고 가정하고, 제시한 숫자에 해당하는 박만 악센트를 붙여 연주하는 과제를

모델링한다(기본 박 연주가 계속해서 진행되는 동안 강사가 숫자 두 개를 부르고, 그 박에 해당하는 박을 강하게 연주하는 것을 보여준다. 예를 들어 '2, 3'을 부르면, 두 번째 박과 세 번째 박만 강하게 연주한다).

⑦ 지속적으로 바뀌는 숫자 조합을 사용해 제시된 과세에 대한 집중이 유지될 수 있도록 유도한다.

⑧ 대상자 각자가 숫자 조합을 선택할 기회를 주고, 해당 대상자가 제시한 숫자에 따라 나머지 대상자들이 해당 과제를 수행하도록 한다.

4) 음악적으로 인사하기

① 각 대상자가 난타 북을 가지고 원형으로 앉아 있는 상태를 유지하면서 자유롭게 연주할 기회를 제공한다. 강사는 규칙적인 비트를 유지하며 연주함으로써 그룹 연주에 리듬적 구조를 제공한다.

② 리듬적 큐(4-3-2-1-그만)와 함께 연주를 중단한 후, 각 대상자가 개별적으로 연주할 수 있는 기회를 제공한다. 강사가 먼저 개별 연주를 시도하고, 한 대상자를 지목하며 인사하면서 다음 개별 연주 차례임을 지시한다. 지목된 대상자 역시 개별 연주 후 다음에 연주할 대상자를 지목하며 인사한다. 모든 대상자들이 개별 연주 기회를 갖게 되면 활동을 종료한다.

4. 기대효과

① 단계별 집중 훈련을 통한 과제에 대한 주의집중력 향상

② 기초 인지기술 훈련을 통한 자발적 학습 참여 동기 향상

5. 유의사항

대상자들의 연령과 기능 수준에 따라 제시되는 리듬 패턴의 난이도를 조정할 필요가 있다. 난타 북을 자유롭게 연주하게 함으로써 탐색할 수 있는 기회를 상대적으로 많이 제공할 수도 있고, 규칙적인 박이나 특정한 리듬 패턴을 소개해 정확한 리듬으로 연주하기를 훈련할 수 있는 기회를 상대적으로 더 많이 제공할 수도 있다.

3회기 : 목표 리듬에 집중해 연주하기

1. 활동목표

선택적 주의집중(selective attention) 훈련

2. 준 비 물

악기 및 음악적 도구—CD 플레이어, 음원(앤더슨의 「싱코페이드 클락」), 투톤블록, 귀로, 봉고, 패달드럼, 템플블록, 마라카스, 난타 북

3. 활동내용

1) 목표 신호에 주의하기

① CD 플레이어를 사용해 앤더슨의 「싱코페이드 클락」을 듣는다.

② 각 대상자에게 무율 타악기(투톤블록, 귀로, 콩가 등)를 제공하고, 음악(본격적인 과제 수행에 앞서 짧은 탐색이 이루어질 수 있도록 강사가 사전에 음악을 적당한 길이로 편집해 놓는 것이 좋다)에 맞추어 자유롭게 연주하도록 한다.

③ 1회 연주가 끝나면 배경음악 안에서 목표 신호(시계 소리)가 나올 때 수행하는 과제(예 : 악기를 오른쪽으로 전달)를 제시하고, 그 신호가 들릴 때마다 목표 과제를 수행하도록 한다.

④ 대상자들과 논의해 목표 과제(예 : 연주 방법 바꾸기, 연주 위치 바꾸기, 리듬 바꾸기 등)를 바꾸어보고, 같은 방식으로 목표 신호가 들릴 때마다 그 과제를 수행한다.

2) 선택적 주의집중 훈련

① 대상자들에게 패들드럼을 제공한다.

② 강사는 템플블록과 마라카스를 동시에 연주하면서 템플블록으로는 대상자들이 모방해야 할 리듬을 제공하고, 마라카스로는 방해하는 리듬(규칙적인 패턴 없이 임의로 연주함)을 제공한다. 목표 리듬은 사전 단서 없이 지속적으로 바뀌며 제공된다.

③ 대상자들은 템플블록으로 제시되는 목표 리듬/리듬 변화를 패들드럼을 사용해 지속적으로 모방한다.

〈선택적 주의집중 훈련의 구조〉

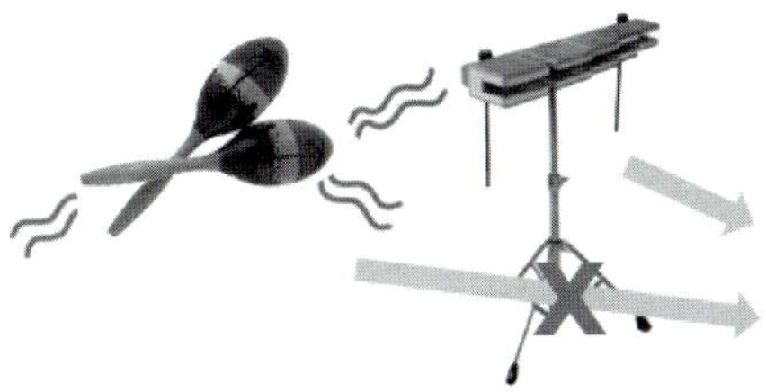

④ 대상자들과 리듬을 제시하는 역할, 제시되는 리듬에 주의해 모방하는 역할, 방해 자극을 세공하는 역할을 나누어 맡고 리듬 모방자는 리듬 제공자가 제시하는 리듬에 선택적으로 집중해 모방한다.

3) 그룹 난타 북 연주

① 대상자에게 난타 북을 하나씩 제공한다.

② 그룹 안에서 두 사람이 짝을 이루어 그중 한 사람이 연주하는 리듬을 다른 한 사람이 지속적으로 모방하는 과제를 제시한다. 한 가지 리듬을 지속적으로 연주하는 것이 아니라 리듬 변화가 이루어져야 함을 설명한다. 강사가 먼저 한 대상자와 짝을 이루어 과제를 수행함으로써

기대되는 연주 패턴을 모델링한다. 방해자의 역할을 하는 대상자들은 자유 리듬을 연주할 수는 있지만, 일정한 리듬 패턴 구조를 유지할 수 있도록 설명한다.

③ 짝을 이룬 두 사람이 서로를 모방하며 연주하는 동안, 다른 그룹 구성원들은 방해 자극을 제공하는 역할을 맡는다.

④ 짝을 바꾸어가며 연주를 지속하면서 각 대상자가 리듬 제공자, 모방자, 방해자의 역할을 모두 맡을 수 있도록 진행한다.

〈선택적 주의집중 훈련을 적용한 드럼서클 연주의 예〉

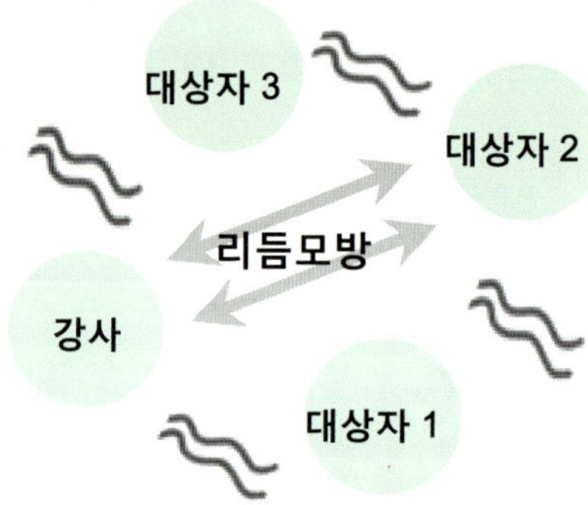

4) 음악적으로 인사하기

① 각 대상자에게 난타 북을 가지고 원형으로 앉아 있는 상태를 유지하면서 자유롭게 연주할 기회를 제공한다. 강사는 규칙적인 비트를 유지하며 연주함으로써 그룹 연주에 리듬적 구조를 제공한다.

② 리듬적 큐(4-3-2-1-그만)와 함께 연주를 중단한 후, 각 대상자가 개별적으로 연주할 수 있는 기회를 제공한다. 강사가 먼저 개별 연주를 시도하고, 한 대상자를 지목하며 인사하면서 다음 개별 연주 차례임을 지시한다. 지목된 대상자 역시 개별 연주 후 다음에 연주할 대상자를 지목하며 인사한다. 모든 대상자들이 개별 연주 기회를 갖게 되면 활동을 종료한다.

4. 기대효과

① 단계별 집중 훈련을 통한 과제에의 주의 집중력 향상
② 기초 인지기술 훈련을 통한 자발적 학습 참여 동기 향상

5. 유의사항

도입 활동의 경우 기존의 음악을 사용해 진행할 수도 있지만, 강사가 본 활동을 위해 편집하거나 작곡한 곡을 사용하면 목표 과제가 제시되는 횟수나 목표 과제의 난이도 등을 대상자에 맞추어 효과적으로 조정할 수 있다.

4회기 : 음악적 단서 변화에 따라 다른 과제 수행하기

1. 활동목표

분할적 주의 집중(divided attention) 훈련

2. 준 비 물

악기 – 봉고드럼, 핸드드럼, 패들드럼, 우드블록, 붐웨커
비음악적 도구 – 빙고 종이, 필기도구

3. 활동내용

1) 비언어적 큐에 대해 이야기하기

① 연주를 시작하고 중단하기, 음량이 커지고 작아지기, 속도가 빨라지고 느려지기 등을 표현할 수 있는 비언어적(신체적) 큐에 대해 이야기해 본다.

② 프로그램 내에서 공통적으로 사용할 비언어적 큐를 결정한다.

③ 대상자들이 차례로 리더 역할을 맡아 결정된 비언어적 큐를 사용해보고, 나머지 대상자들은 제시되는 비언어적 큐에 따른 손뼉 치기를 진행한다.

2) 분할적 주의집중 훈련

① 강사는 봉고드럼 연주와 함께 챈팅(대상자들의 상황이나 선호도와 관련된 짧은 문장을 사용할 수도 있고, 전통적인 말놀이 패턴이나 노래 가사 등을 사용할 수도 있음)을 제시한다. 지속적 주의집중 훈련에서

사용되었던 리듬 패턴을 사용해 4박으로 이루어진 패턴이 지속적으로 변화하며 제시될 수 있도록 한다. 챈팅에 있어서도 사전에 선정된 가사의 일부분에 변화를 주며 제시해, 대상자가 지속적으로 그 단서를 추적하며 주의를 기울일 수 있도록 한다.

② 대상자에게 핸드드럼을 제공하고, 리듬 자극과 챈팅 모두에 집중하면서 두 가지 자극을 동시에 모방한다.

〈음악 자극의 제시 예〉

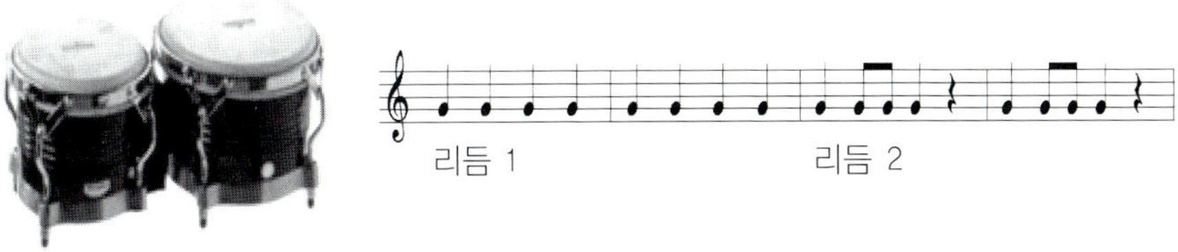

〈챈팅의 제시 예〉

기차역으로 떠나자 12시 50분 〉〉 기차역으로 떠나자 9시 12분

③ 대상자에게 리듬 변화, 혹은 챈팅 변화의 단서를 제공하는 역할을 맡긴다. 강사와 한 대상자가 각각 리듬 변화와 챈팅 변화 중 제공할 단서를 결정해 각자가 맡은 목표 단서를 제시하도록 하고, 나머지 그룹 구성원들은 리듬 변화 및 챈팅 변화를 동시에 모방한다. 대상자들의 역할을 바꾸어가며 각각의 대상자가 최소한 1회 이상의 단서 제공자 역할을 맡을 수 있도록 한다.

3) 음악 숫자 빙고

① 대상자에게 숫자가 적힌 빙고 매트릭스 종이를 제공한다.

② 음악 숫자 빙고를 진행한다. 음악 숫자 빙고는 변형된 빙고 형태를 따르는 게임으로, 매트릭스 위에 사전에 숫자가 채워진 종이를 가지고 게임을 진행한다. 대상자들은 강사가 제시하는 숫자를 듣고 해당 숫자를 지워간다. 매트릭스 위의 모든 숫자를 지우고 “빙고!"를 외치는 사람이 이기는 게임이다. 숫자 제시는 음악적으로 이루어지는데, 10의 자리 숫자는 우드블록으로, 1의 자리 숫자는 패들드럼을 사용해 제시된다.

〈숫자 매트릭스 예〉

17	37	20	38	21
46	52	15	55	24
27	7	19	48	51
33	35	22	32	16
42	34	40	60	10

처음 제시된 매트릭스

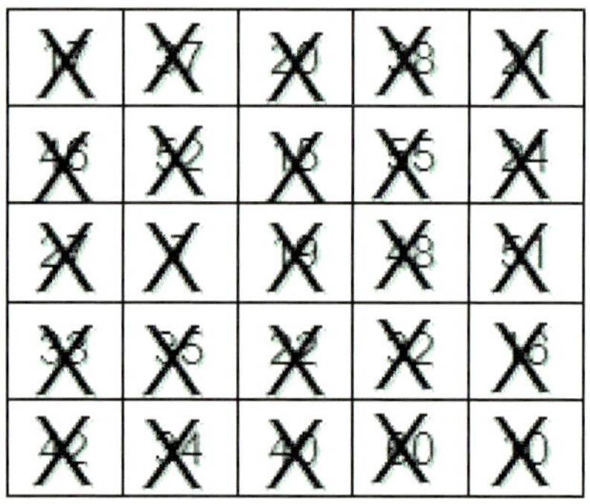

빙고를 외치는 시점에서의 매트릭스

〈숫자 제시 예〉

13 ➔ 우드블록 1회와 패들드럼 3회로 제시
30 ➔ 우드블록 3회로 제시

4) 음악적으로 인사하기

① 각 대상자에게 붐웨커를 한 쌍씩 제공하고 자유롭게 연주할 기회를 제공한다. 강사는 규칙적인 비트를 유지하며 연주함으로써 그룹 연주에 리듬적 구조를 제공한다.

② 리듬적 큐(4-3-2-1-그만)와 함께 연주를 중단한 후, 각 대상자에게 개별적으로 연주할 수 있는 기회를 제공한다. 강사가 먼저 개별 연주를 시도하고, 한 대상자를 지목하며 인사하면서 다음 개별 연주 차례임을 지시한다. 지목된 대상자 역시 개별 연주 후 다음에 연주할 대상자를 지목하며 인사한다. 모든 대상자가 개별 연주 기회를 갖게 되면 활동을 종료한다.

4. 기대효과

① 단계별 집중 훈련을 통한 과제에 대한 주의집중력 향상

② 기초 인지기술 훈련을 통한 자발적 학습 참여 동기 향상

5. 유의사항

숫자 빙고 활동에서 두 악기의 음색이 제시되었을 때, 이전의 음악 훈련이나 경험이 없는 대상자도 명확하게 구별할 수 있다는 기준만 만족시킨다면 사용하는 악기는 상황에 따라 변동될 수 있다.

5회기 : 두 가지 다른 과제를 번갈아가며 수행하기

1. 활동목표

전환적 주의집중(alternating attention) 훈련

2. 준 비 물

악기 – 키보드, 우드블록, 패들드럼, 붐웨커

3. 활동내용

1) 비언어적 큐에 대해 이야기하기

① 연주를 시작하고 중단하기, 음량이 커지고 작아지기, 속도가 빨라지고 느려지기 등을 표현할 수 있는 비언어적(신체적) 큐에 대해 이야기해본다. 4회기에 사용한 것과 다른 방법으로 표현해보도록 유도하고, 추가할 수 있는 연주 방법이나 음악 요소 등에 대해서도 이야기해본다.

② 프로그램 내에서 공통적으로 사용할 비언어적 큐를 결정한다.

③ 대상자들이 차례로 리더 역할을 맡아 결정된 비언어적 큐를 사용해보고, 나머지 대상자들은 붐웨커를 사용해 연주하면서 제시되는 비언어적 큐를 적용해본다.

2) 전환적 주의집중 훈련

① 강사가 악기 1(우드블록)을 대상자들에게 제공하면서 키보드를 사용해 음악적 단서 1을 제시한다. 악기 2(패들드럼)는 음악적 단서 2와 매칭시킨다. 이후 대상자들은 음악적 단서 1이 제시되면 우드블록을 연주

하고, 음악적 단서 2가 제시되면 패들드럼을 연주하게 된다. 첫 번째 단서가 제시된 이후 그에 따라 대상자가 해당 악기 연주를 지속하고 있으면 예상치 못한 순간에 제공되는 음악적 단서의 변화를 시도한다. 대상자의 기능 수준에 따라 제공되는 음악적 단서의 개수를 늘릴 수 있다.

〈전환적 주의집중 훈련의 예〉

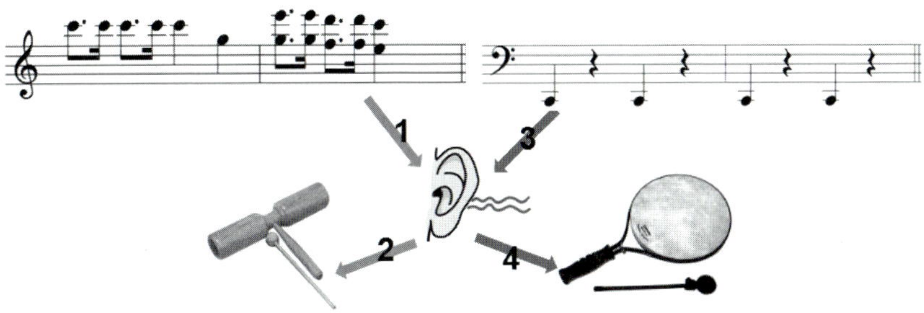

* 예를 들어 높은 음역대에서 점음표 리듬 패턴으로 연주되는 음악적 단서 제공 시에는 우드블록을 연주하고, 낮은 음역대에서 규칙적인 박 패턴의 음악적 단서를 제공하면 패들드럼을 연주할 수 있다.

② 대상자가 제시된 과제를 성공적으로 연주하면, 제공되는 음악적 단서와 매칭된 악기를 선택하는 것뿐만 아니라 단서에서 제시된 리듬의 모방까지 요구하는 방식으로 과제의 난이도를 높일 수 있다.

3) 그룹 난타 북 연주

① 대상자들과 논의해 난타 북 연주와 함께 진행될 수 있는 추가적인 과제를 결정한다. 신체 타악기(발 구르기, 무릎 치기, 손뼉 치기 등) 연주, 난타 북채를 서로 부딪쳐 소리내기, 머리 위에서(혹은 무릎 아래에서) 난타 북채 부딪치기 등이 과제로 사용될 수 있다.

② 앞의 절차에서 결정된 과제와 난타 북 연주 과제에 대한 신호가 될 두 가지 큐를 정한다. 키보드의 다른 음역대 연주나 다른 리듬 패턴 등이 그 큐가 될 수 있다.

③ 난타 북 연주를 진행하면서 강사가 제시하는 큐에 따라 두 가지 과제(①에서 결정된 과제와 난타 북 연주)가 수행되도록 한다. 신호 제시를 임의로 이루어지게 함으로써(신호 제시가 지연될 수도 있다) 과제 수행이 반복적인 반응 형태로 나타나지 않고, 제공되는 큐에의 주의가 지속적으로 이루어지도록 유도한다.

4) 음악적으로 인사하기

① 각 대상자에게 난타 북을 가지고 원형으로 앉아 있는 상태를 유지하면서 자유롭게 연주할 기회를 제공한다. 강사는 규칙적인 비트를 유지하여 연주함으로써 그룹 연주에 리듬적 구조를 제공한다.

② 리듬적 큐(4-3-2-1-그만)와 함께 연주를 중단한 후, 각 대상자가 개별적으로 연주할 수 있는 기회를 제공한다. 강사가 먼저 개별 연주를 시도하고, 한 대상자를 지목하며 인사하면서 다음 개별 연주 차례임을 지시한다. 지목된 대상자 역시 개별 연주 후 다음에 연주할 대상자를 지목하며 인사한다. 모든 대상자가 개별 연주 기회를 갖게 되면 활동을 종료한다.

4. 기대효과

① 단계별 집중 훈련을 통한 과제에 대한 주의집중력 향상

② 기초 인지기술 훈련을 통한 자발적 학습 참여 동기 향상

5. 유의사항

전환적 주의집중 훈련에서 사용되는 음악적 큐는 지시되는 악기의 음색이나 연주 방법이 반영된 형태가 되도록 한다. 예를 들어 우드블록과는 두 음을 스타카토 형식으로 연주하는 큐가 매칭될 수 있고, 레인스틱은 글리산도 형태를 사용해 연주 시 음악적 특징이 드러날 수 있다. 음악적 큐와 지시되는 악기가 매칭되는 데 혼란이 생기면, 주의집중 외에 기억력을 포함한 다른 인지기능을 요구할 수 있기 때문에 유의할 필요가 있다.

6회기 : 우리만의 리듬 만들기

1. 활동목표

공동 리듬 과제 수행하기

2. 준 비 물

악기 – 클라베, 난타 북

비음악적 도구 – 리듬 카드, 리듬 보드 게임판, 주사위, 응용 주사위, 종이, 필기도구

3. 활동내용

1) 리듬 카드 소개하기

① ♩와 ♫만을 사용해 구성한 4박 리듬 패턴(예 : ♩ ♩ ♩ ♩, ♫ ♩ ♫ ♩, ♫ ♫ ♩ ♩ 등)이 적힌 리듬 카드를 제시한다. 강사가 카드를 하나씩 제시하면서 적힌 리듬 패턴 연주를 모델링하면 대상자들이 그 리듬 연주를 모방한다.

② 리듬 카드를 같은 것끼리 모으며, 같은 리듬과 다른 리듬에 대해 이야기해본다.

2) 리듬 매칭 게임

① 앞에서 소개한 리듬 카드를 뒤집어놓고 게임을 시작한다. 한 사람씩 카드 두 장을 뒤집어 서로 같은 카드이면 가져가고, 다른 카드이면 다시 뒤집는다. 제시된 카드를 모두 가져갈 때까지 게임이 진행되고, 게

임이 끝난 후 가장 많은 카드를 가지고 있는 사람이 이기게 된다.

② 게임 1회가 종료되면 게임에 사용된 카드를 모두 제시하고 클라베를 사용해 각 리듬 패턴을 연주한다. 강사가 먼저 리듬 연주에 대한 모델링을 제공함으로써 대상자들이 일관적인 비트를 유지하며 제시된 리듬 패턴을 연주할 수 있도록 유도한다.

③ 리듬 매칭 게임을 다시 진행한다. 위와 같은 방식으로 게임을 진행하면서 같은 카드 두 장을 고른 경우, 그 대상자가 카드에 제시된 리듬 패턴을 먼저 연주하고 나머지 대상자들이 그 리듬을 모방하는 과제를 추가한다.

〈리듬 매칭 게임의 예〉

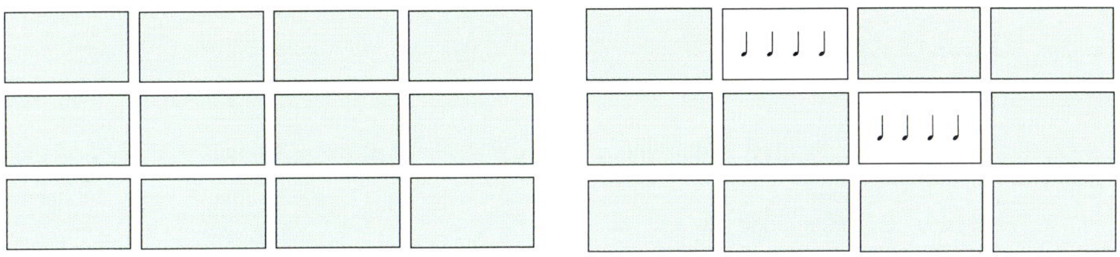

카드를 뒤집기 전 / 뒤집어서 같은 카드를 고른 경우

3) 리듬 보드 게임

① 주사위를 던져 나오는 숫자만큼 말을 옮기면서 말이 놓인 칸에 적힌 리듬 과제를 수행하는 리듬 보드 게임을 진행한다. 보드 게임판에 적힌 리듬 과제는 대상자의 연령과 인지 기능 수준을 고려해 난이도를 조정한다.

- 4분 음표(♩)와 8분 음표 패턴(♫)만 기본 리듬으로 사용한다. 음표의 이름이나 음악적 용어는 사용하지 않고, 시각적 단서(기존의 음표를 사용)와 모델링된 리듬 연주를 매칭하는 방식으로 접근한다. 한 박 연주(♩)와 한 박을 두 개로 나누어 연주하는 방식(♫)으로만

모델링하고, 대상자들이 두 개의 리듬 패턴을 구분해 모방하도록 유도한다.

② 대상자들은 보드 게임판에 적힌 리듬 과제를 수행하면서 여덟 마디의 리듬 패턴을 구성한다. 여덟 마디가 완성되면 게임이 종료된다.

〈음악 보드 게임판 예〉

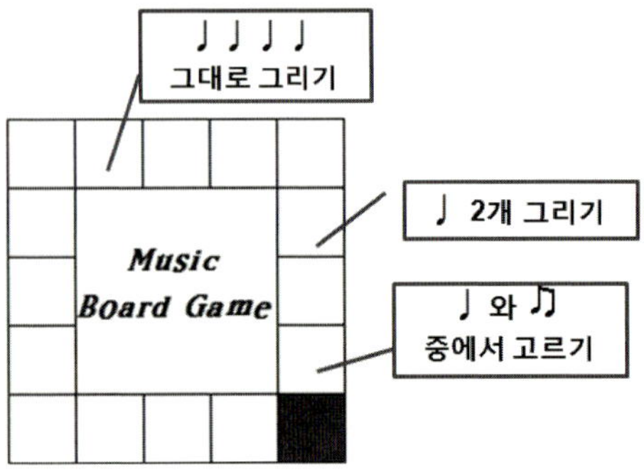

* 보드판의 각 칸은 대상자들의 연령과 기능 수준을 고려한 리듬 과제로 강사가 사전에 준비한다.

③ 각 대상자는 자신이 완성한 리듬 패턴을 사용해 연주하고, 그룹 구성원들이 그 리듬 패턴을 같이 연주해보는 기회를 제공한다.

4) 주제 리듬 만들기

① 네 마디, 혹은 여덟 마디 길이의 주제 리듬을 만든다. 각 대상자는 2박 혹은 한 마디씩 리듬 패턴을 구성한다. 대상자가 ♩와 ♫ 중에서 원하는 것을 자발적으로 선택할 수도 있고, 변형된 주사위(주사위 표면에 숫자 대신 벨크로를 사용해 ♩, 혹은 ♫가 붙여져 있다)를 사용해 리듬을 구성할 수도 있다.

② 각 대상자가 차례로 이어 완성된 리듬 패턴을 난타 북을 사용해 연주해보고, 수정할 부분이나 추가할 부분 등이 있는지 이야기해본다.

③ 대상자들의 선호도에 따라 완성된 리듬에 의성어나 가사 등을 만들어 붙일 수 있다.

5) 주제 리듬 연주하기

공동으로 리듬 만들기 활동에서 완성된 주제 리듬을 난타 북을 사용해 연주하면서 프로그램을 마무리한다.

4. 기대효과

① 기초 인지기술 훈련을 통한 자발적 학습 참여 동기 향상

② 긍정적인 그룹 음악 경험을 통한 상호교류 및 사회기술 향상

5. 유의사항

리듬 매칭 게임의 경우, 대상자의 기능 수준을 고려해 난이도를 조정한다. 제시되는 카드의 숫자가 적을수록 혹은 제시된 패턴 간 구분이 명확할수록 난이도가 낮다(예를 들어 ♩♩♩♩와 ♫♫♫♫에 비해 ♩♫♩♩와 ♩♩♫♩가 상대적으로 구분하기가 어렵다).

7회기 : 리듬 이어 만들기

1. 활동목표

주의력 및 기억력 훈련

2. 준 비 물

악기 – 리듬스틱, 패들드럼, 베이스(혹은 알토) 자일로폰, 알토 메탈로폰,
소프라노 글로켄슈필(혹은 비슷한 타입의 오르프 선율 타악기)

3. 활동내용

1) 리듬 전달하기

① 1회기에 진행된 리듬 전달하기와 같은 방식으로 진행한다. 처음 시도에는 한 쌍의 리듬 스틱만 사용하면서 리듬(기본적으로 4박의 리듬 패턴을 사용)을 연주하고, 리듬 스틱을 전달하면 다음 사람이 이전 사람이 연주한 리듬을 모방하고 옆 사람에게 리듬 스틱을 전달하는 방식으로 진행한다. 첫 사람이 연주한 리듬을 한 사람씩 모방해 다시 처음 사람의 순서까지 돌아오면 전달하기가 완성된다.

② 리듬 전달하기의 과제가 추가적인 촉진 없이 진행될 때까지 리듬을 바꾸어가며 ①의 절차를 반복한다. 자발적 리듬 전달하기가 가능해지면 모든 대상자에게 패들드럼을 하나씩 제공한다. ①과 마찬가지로 첫 사람이 연주한 리듬을 한 사람씩 모방하는 방식으로 진행된다. 초반 시도에는 강사가 전달할 리듬을 제시하고, 이후 시도에는 각 대상자가 리듬을 처음 연주하는 기회를 갖도록 한다.

2) 리듬 이어가기

① 대상자들이 한 사람씩 각자의 고유한 4박 리듬 패턴을 만든다. 4분 음표와 8분 음표 두 개가 제시된 카드를 각각 네 개씩 제공해 자신이 원하는 음표를 선택하고 배열함으로써 4박의 리듬 패턴을 구성할 수 있도록 한다. 원을 그리며 한 사람씩 패들드럼을 연주하면서 각자가 만든 리듬을 들어본다.

② 마찬가지로 원을 그리며 한 사람씩 연주하면서 처음 사람이 연주한 리듬부터 차례로 이어 자기 리듬까지 붙여 연주한다.

〈리듬 이어 만들기의 예〉

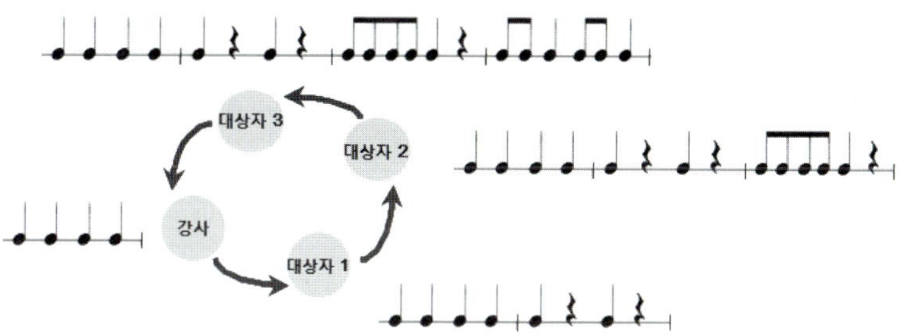

③ 리듬 이어가기가 성공적으로 이루어지면 각자가 연주할 새로운 리듬 패턴을 구성해 진행할 수도 있고, 리듬 연주 순서를 바꾸어 진행할 수도 있다. 대상자의 연령과 기능 수준을 고려해 리듬 이어가기를 지속하는 횟수를 늘려 기억해야 하는 리듬의 숫자를 늘릴 수도 있다(…리듬 1+2+3+4, 리듬 1+2+3+4+1, 리듬 1+2+3+4+1+2…).

3) 오르프 그룹 연주(orff orchestration)

① 베이스 파트를 신체 악기(무릎 치기)를 사용해 제시하고, 모든 대상자가 제시된 패턴을 모방하도록 한다.

② 대상자 1에게 알토(혹은 베이스) 자일로폰을 제공하고, 제시된 패턴을 악기에 적용해 연주하도록 한다.

③ 대상자 1이 추가적인 촉진 없이 해당 파트 연주를 지속하게 되면 나머지 대상자에게 알토 파트를 제시한다. 마찬가지로 신체 악기(무릎 치기)를 사용해 해당 파트를 모델링한다.

④ 대상자 2에게 알토 자일로폰을 제공하고, 제시된 패턴을 악기에 적용해 연주하도록 한다.

⑤ 같은 방식으로 대상자 3에게 소프라노 파트를 모델링하고, 제시된 패턴이 소프라노 글로켄슈필 연주에 적용되도록 한다.

〈기본적인 오르프 그룹 연주의 예〉

⑥ 악기를 바꾸거나 제시되는 음악 패턴을 바꾸어 진행하면서 대상자들이 다양한 악기 및 다양한 형태의 리듬/멜로디 연주를 경험하도록 한다.

4) 자기 평가

오르프 기법을 기초로 한 그룹 연주 및 선호곡 연주 후, 자신과 다른 구성원의 연주 및 전체 연주에 대해 평가해보도록 한다.

4. 기대효과

① 기초 인지기술 훈련을 통한 자발적 학습 참여 동기 향상

② 긍정적인 그룹 음악 경험을 통한 상호교류 및 사회기술 향상

5. 유의사항

본 회기는 오르프 그룹 연주를 중심으로 진행되기 때문에 사용되는 악기의 특성상 바닥에 앉아 프로그램이 진행될 수 있는 구조를 권장한다.

8회기 : 순서화된 노래 만들기

1. 활동목표

정보의 순서화 기술 훈련

2. 준 비 물

악기 – 키보드, 붐웨커, 자일로폰, 메탈로폰, 봉고

비음악적 도구 – 필기도구, 가사를 적을 종이

3. 활동내용

1) 악센트 단서 추적해 리듬 패턴 연주하기

① 대상자들에게 붐웨커를 제공하고, 8박으로 구성된 패턴(♩ ♩ ♩ ♩ ♩ ♩ ♩ ♩)을 반복해서 연주하도록 유도한다. 각 박에 1~8까지의 숫자가 배정되었다고 가정하고, 제시한 숫자에 해당하는 박만 악센트를 붙여 연주하는 과제를 모델링한다(기본 박 연주가 계속해서 진행되는 중에 강사가 숫자 두 개를 부르고, 그 박에 해당하는 박을 강하게 연주하는 것을 보여준다. 예를 들어 '2, 3'을 부르면, 두 번째 박과 세 번째 박만 강하게 연주하게 된다).

② 지속적으로 바뀌는 숫자 조합을 사용해 제시된 과제에 대한 집중이 유지될 수 있도록 유도한다.

③ 대상자들이 과제에 익숙해지면 리듬 연주의 속도를 높여 ♫♫♫♫ 패턴에서 동일한 과제 수행이 이루어지도록 유도한다.

④ 대상자 각자가 숫자 조합을 선택할 기회를 주고, 해당 대상자가 제시한 숫자에 따라 나머지 대상자들이 해당 과제를 수행하도록 한다.

2) 순서를 분석해 노래로 만들기

① 선호하는 과제나 작업(예 : 요리, 기술 교육에 포함된 간단한 작업)을 제시하고 네 가지 이상의 순서로 분석해보도록 한다. 분석한 내용을 바탕으로 노래 가사로 만든다.

② 제시된 주제를 바탕으로 네 마디, 혹은 여덟 마디 길이의 후렴구 혹은 반복구를 위한 가사를 공동으로 만들어본다. 대상자들이 공동으로 가사를 작성하는 데 어려움이 있는 경우에는 강사가 전체적인 구조를 제시하고, 가사 중간에 빈칸을 만들어 각 대상자가 한두 단어를 선택하도록 유도한다.

③ 드럼 비트나 리듬 반주를 제시한 상태에서 대상자 각자가 자신이 완성한 가사를 랩 형식으로 읽거나 부르도록 한다. 대상자가 자신의 차례에 가사를 읽은(부른) 후에는 공동으로 작업한 후렴구, 혹은 반복구를 함께 부름으로써 개별 과제 수행에 대한 음악적 피드백이 제공되도록 한다.

〈순서 분석을 바탕으로 한 가사 완성하기 예〉

지하철 노선도를 제시하고, 증산역에서 잠실역까지 가는 방법을 분석해 각자가 가사를 완성하도록 한다. 후렴구는 "이번 주말에 롯데월드 가요. 이렇게 출발!"로 완성한다.

3) 제시된 가사를 순서대로 배열하기

① 각 대상자에게 네 개 이상의 문장을 제시한다(각 문장을 개별 종이에 적어 제공한다).

② 각 대상자가 제시된 문장을 순서대로 배열해 노래 가사를 완성한다.

③ 완성한 가사를 읽어보며 각자가 배열한 순서를 비교해본다.

④ 대상자별로 완성한 키보드 반주에 맞춰 랩 형식으로 읽어본다.

〈가사 배열하기에 사용하는 문장의 예〉

얼른 모자를 쓰고 터덜터덜 걸어가네
갑자기 비는 내리는데, 손엔 우산이 없다네
길에서 들리는 노랫소리, 내가 좋아하는 (　　　　　)네
잠깐 멈춰 서 있는데, (　　　　　)의 얼굴이 떠올라
어느덧 비가 멈추고, 주위가 더없이 환해져
콧노래를 부르며 생각하네, (　　　　　)
비가 오든지, 오지 않든지, 나는 (　　　　　)

4) 오르프 그룹 연주(선호곡 연주)

① 7회기에서 진행된 오르프 그룹 연주와 동일한 방식으로 신체 타악기를 사용해 각 악기의 기본적인 리듬을 제시한다.

② 각 대상자별로 배정된 리듬 연주가 가능해지면 자일로폰(베이스), 메탈로폰(멜로디)과 봉고(리듬)를 제공한다.

③ 제시된 리듬 및 멜로디 패턴을 악기 연주에 적용하도록 한다.

④ 전체 연주를 진행한다.

5) 프로그램 정리

본 회기 프로그램에서 작업했던 노래나 연주 중에서 대상자들이 한 가지를 선택하게 하고, 그것을 노래(연주)해봄으로써 프로그램을 마무리한다.

4. 기대효과

① 기초 인지기술 훈련을 통한 자발적 학습 참여 동기 향상

② 긍정적인 그룹 음악 경험을 통한 상호교류 및 사회기술 향상

5. 유의사항

① 가사 순서 배열하기에서 제시된 일부에서 빈칸을 둔 문장을 사용하면 강사가 일방적으로 제시한 문장을 중심으로 가사가 완성되지 않고, 대상자들의 의사와 정서 등이 반영될 가능성을 만들어줄 수 있다.

② 기본적으로 오르프 그룹 연주는 신체 악기를 사용해 간단하고 규칙적인 리듬/멜로디 패턴을 제시하지만, 대상자들의 기능과 선호도를 고려해 선호곡 연주의 경우에는 복잡한 형태의 리듬이나 멜로디가 제시될 수도 있다. 그럴 경우, 신체 악기 외에 다양한 시각적 자료(시각화된 악보 포함)를 사용할 수 있다.

9회기 : 그룹 안에서 음악적 역할 담당하기

1. 활동목표

기초 사회기술 향상

2. 준 비 물

악기 및 음악적 도구 – 키보드, 젬베, 투바노, 콩가, 알토 자일로폰 혹은 메탈로폰, 글로켄슈필, 봉고, 귀로

비음악적 도구 – 노래 가사판, 필기도구, 솔로 카드

3. 활동내용

1) 타악기 그룹 연주

① 강사가 기본적인 박을 제공하는 동안, 대상자들은 각자에게 제공된 타악기(젬베, 투바노, 콩가 등)를 자유롭게 연주한다.

② 연주 시작 및 중단을 비언어적 큐(손 지시)를 통해 지시함으로써 대상자들이 비언어적 큐에 따른 연주에 익숙해지면 역시 손 지시를 통해 대상자가 개별적으로 솔로 연주를 할 수 있는 기회를 제공한다.

③ 각각의 솔로 연주, 혹은 작은 그룹 연주(전체 그룹을 두 그룹으로 나눔)가 중단 없이 이어지도록 하여 연주가 전달되거나 옆으로 이동되는 구조가 생기도록 한다.

2) 노래 이어 만들기

① 대상자의 연령과 기능 수준을 고려한 주제를 정해 첫 문장과 마지막 문장을 제시한다. 문장을 이어갈 순서를 정하고, 각 대상자는 차례로 제시된(혹은 앞 사람이 완성한) 문장에 이어 한 문장을 완성한다. 각 대상자가 두 개 이상의 문장을 만들 수 있는 기회를 제공하고, 대상자들이 채워야 할 부분은 빈칸으로 두어 완성될 노래의 전체적인 구조와 흐름을 인식할 수 있도록 한다. 대상자들이 만든 문장이 마지막 문장까지 이어지면 노래 만들기가 완성된다.

〈대상자들에게 제시된 노래 이어 만들기의 예〉

갑자기 나에게 비행기 티켓이 생겼네
....
....
....
....
....
....
그래서 결국 학교로 다시 돌아왔네

② 완성된 노래를 키보드 반주에 맞추어 부른다. 사전에 제시된 문장은 강사, 혹은 대상자 전체가 부르도록 하고, 완성된 문장은 각 대상자가 부르도록 한다. 대상자의 연령과 기능 수준, 음악적 선호도에 따라 랩 형식으로 부르도록 유도할 수도 있고, 간단한 멜로디 구조를 제시해 노래 형태로 부르도록 유도할 수도 있다.

3) 솔로 경험하기

① 지난 회기에 진행된 오르프 그룹 연주와 동일한 방식으로 전체 연주를 유도한다. 각 대상자에게 자일로폰, 봉고 드럼, 귀로를 제공하고, 신체 타악기를 통해 각 악기로 연주되어야 하는 리듬, 혹은 멜로디 패턴을 차례로 제시한다.

② 전체 연주가 안정적으로 진행되면 8박 동안 연주가 이루어지고 8박 동안 쉬는 구조를 도입한다. 초반에는 1부터 8까지의 박을 세는 리듬적 큐를 제공하다가 점차적으로 소거해 제공되는 단서 없이도 연주와 쉼 자발적으로 이루어지도록 유도한다.

③ 쉬는 8박 동안 '솔로'라고 적힌 카드를 제시하고 글로켄슈필을 사용해 솔로로 연주하기를 모델링한다. 8박의 솔로 기회가 끝나면 다시 8박의 전체 연주가 진행되도록 한다.

④ 2~3회의 모델링이 제공되면 솔로 카드와 글로켄슈필을 한 대상자에게 제시하고, 그 대상자가 솔로로 연주하도록 한다.

⑤ 모든 대상자가 2회 이상의 솔로 기회를 가진 후에 활동을 종료한다.

4) 지휘자 역할 맡기

① 대상자들과 논의해 세 개 이상의 음악 패턴을 결정한다. 악기를 사용해 연주하는 4박의 리듬 패턴이 될 수도 있고, 신체 타악기를 사용해 연주하는 리듬 패턴이 될 수도 있다.

② 결정된 음악 패턴을 번호와 매칭해 연습해본다.

③ 처음 시도에서는 강사가 지휘자의 역할을 맡아 손가락으로 1에서 3까지 중에서 한 가지 숫자를 제시하면 대상자들이 그 숫자에 해당하는 음악 패턴을 연주하도록 한다.

④ 이후 각 대상자가 지휘자의 역할을 맡도록 하고, 손가락으로 번호를 제시하면 그에 해당하는 음악 패턴을 연주하도록 한다. 연주의 시작과 끝도 지휘자가 지시한다.

5) 프로그램 정리

본 회기 프로그램에서 작업했던 노래나 연주 중에서 대상자들이 한 가지를 선택하게 하고, 그것을 노래(연주)해봄으로써 프로그램을 마무리한다.

4. 기대효과

① 기초 인지기술 훈련을 통한 자발적 학습 참여 동기 향상

② 긍정적인 그룹 음악 경험을 통한 상호교류 및 사회기술 향상

5. 유의사항

가사 이어 만들기를 통해 완성된 노래는 프로그램 후에 강사가 대상자 수에 맞게 복사해 각 대상자의 바인더에 하나씩 보관할 수 있도록 한다.

10회기 : 밴드 연주 경험하기

1. 활동목표

공동 과제 수행하기

2. 준 비 물

악기 – 어쿠스틱 기타, 큐코드, 드럼 세트, 도입 활동에 필요한 악기

3. 활동내용

1) FAIR 주의집중력검사 실시

강사가 사전에 숙지한 검사 실시 절차를 따라 과제 설명 ➔ 연습 문제 ➔ 검사 1 실시 ➔ 검사 2 실시의 순서로 검사를 실시한다.

2) 밴드 형식의 그룹 연주

① 어쿠스틱 기타와 큐코드, 드럼 세트(상황에 따라 전체 세트를 제공할 수도 있고, 1~2개 드럼만을 선택해 제공할 수도 있다)를 제공한다. 초반 시도에는 강사가 각 대상자의 특성과 선호도, 기능 수준 등을 고려해 연주할 악기를 배정하고, 이후 시간과 상황에 따라 각 대상자가 다른 악기를 선택해 연주할 기회를 제공할 수도 있다.

② 대상자의 연령과 선호도를 고려한 곡의 파트별 악보(숫자나 기호로 시각화된 악보)를 제시한다.

③ 각 대상자가 악보를 가지고 자신의 악기를 개별적으로 연습할 시간을 제공한다.

④ 개별 연습이 어느 정도 이루어지면 전체 연주로 진행한다.

〈밴드 연주 악보의 예〉

– 「오블라디 오블라다」(큐코드 악보)

1	2	3	4	5	6	7	8
1		3		2	3	1	
1		2		1	3	1	
1		3		2	3	1	
1		2		1	3	1	

* 각 숫자는 코드를 지시한다(1–C chord, 2–F chord, 3–G chord). 대상자의 기능 수준에 따라 번호와 코드를 매칭해 사전 단서 없이 연주하도록 유도할 수도 있고, 큐코드의 코드 버튼 위에 스티커 등을 사용해 숫자를 사전에 표시해놓을 수 있다.

– 「오블라디 오블라다」(기타 악보)

1	2	3	4	5	6	7	8
1	1	3	3	2	3	1	1
1	1	2	2	1	3	1	1
1	1	3	3	2	3	1	1
1	1	2	2	1	3	1	1

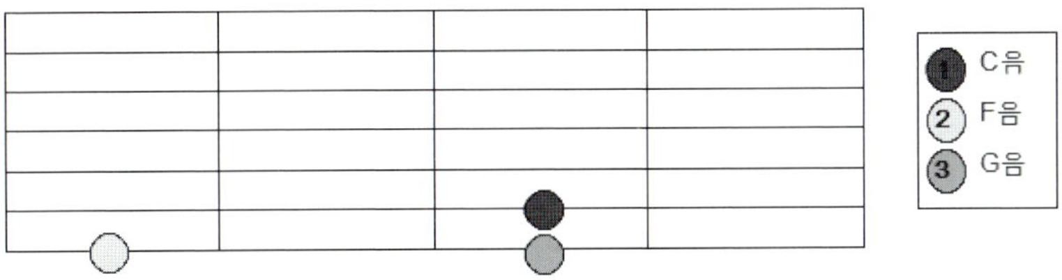

* 각 음은 모델링과 언어적 설명으로 제시된 후 대상자가 그것을 기억하도록 유도하고, 추가적인 단서가 필요한 경우에는 기타에 떼기 쉬운 스티커 등을 사전에 붙여놓아 음의 위치를 지시할 수 있다.

–「오블라디 오블라다」(드럼 악보)

	1	2	3	4	5	6	7	8
	x x x x	x x x x	x x x x	x x x x	x x x x	x x x x	x x x x	x x x x
		I		I		I		I
	ⓘ		ⓘ		ⓘ		ⓘ	

	1	2	3	4	5	6	7	8
	x x x x	x x x x	x x x x	x x x x	x x x x	x x x x	x x x x	x x x x
		I		I		I		I
	ⓘ		ⓘ		ⓘ		ⓘ	

3) 자기 평가

자신의 연주와 다른 구성원들의 연주에 대해 평가해본다. 또한 밴드 연주 시 긍정적이었던 부분과 더 좋은 연주를 위해 수정이 필요한 부분에 대해 이야기해본다.

4. 기대효과

① 긍정적인 그룹 음악 경험을 통한 상호교류 및 사회기술 향상
② 성공적인 음악 경험을 통한 자기효능감 향상

5. 유의사항

① 본 회기 프로그램에서는 어쿠스틱 기타를 사용해 베이스 라인을 연주하도록 했지만, 상황에 따라 베이스 기타나 일렉 기타 등을 사용할 수 있다. 또한 대상자의 사전 음악 기술에 따라 어쿠스틱 기타를 사용해 간단한 코드 연주를 진행할 수도 있다.

② 본 회기 프로그램에서는 큐코드를 사용해 코드 연주의 효과를 낼 수 있도록 편곡되었지만, 대상자의 음악 기술에 따라 키보드를 사용해 멜로디 연주로 진행할 수도 있다.

11회기 : 간단한 멜로디 연주하기

1. 활동목표

응용 과제를 통한 지속적 주의집중 훈련

2. 준 비 물

미디 장비 – 키보드, 스피커, 컴퓨터(미디 프로그램), 미디 인터페이스, 미디 케이블

대상자 – 워크북, 필기도구, 악보

3. 활동내용

11~20회기 프로그램 진행에서는 매 회기 프로그램 시작 전에 미디 장비가 정확하게 설치되어 있어야 한다.

〈기본 미디 장비 설치 구조〉

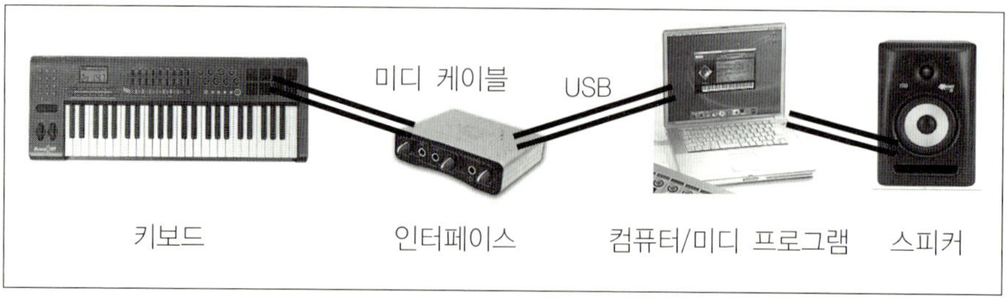

1) 미디 기초 작업

① 워크북에 있는 기초 작업 부분을 작성한다. 강사가 미리 선택한 곡을 중심으로 작업하거나 이전 단계의 프로그램에서 파악된 대상자의 선호곡을 중심으로 작업할 수 있다. 제시될 곡은 사전에 두 개 이상의 부분으로 나누어놓는다(예 : 처음, 중간, 후렴 부분 등).

〈워크북 예〉

주제: 함께 연주하기

(기초 작업)

1. 노래 선택: 가수 (   ), 노래 제목 (   )
2. 연주할 멜로디 부분 선택: □ 처음 부분 □ 중간 부분 □ 후렴 부분
3. 멜로디를 연주할 소리 선택: (   )번 - (   )
4. 베이스를 연주할 소리 선택: (   )번 - (   )
5. 노래의 박자에 맞춰 리듬 연습하기(연습 후 체크): □ 1회 □ 2회 □ 3회 □ 4회 □ 5회
6. 박자에 맞춰 베이스 리듬 연습하기(연습 후 체크): □ 1회 □ 2회 □ 3회 □ 4회 □ 5회

② 멜로디와 베이스를 연주할 소리를 선택하는 워크북 문제 3번과 4번을 위해서는 강사가 사전에 제시할 악기의 종류를 정해놓는다. 멜로디와 베이스에 배정될 수 있는 음색 3~4개를 듣고 대상자가 원하는 소리를 선택하게 한다(워크북 문제 5번과 6번은 연주 직전 리듬을 연습하는 과정에서 작성하도록 한다).

2) 악보 만들기

① 강사가 사전에 멜로디와 베이스의 숫자화된 악보를 만들어 제시한다. 대상자들은 제공된 악보를 참조해 워크북의 해당 부분에 멜로디/베이스 악보를 완성한다.

〈멜로디 악보의 예〉

3 3 3 *	3 3 3 *	3 5 1 2	3 * * *
종 소 리	종 소 리	종 소 리 울	려

3) 연주하기

① 작업할 곡의 리듬을 연습한다. 각 대상자들이 완성한 악보를 참조하면서 손뼉 치기, 무릎 치기 등 신체 타악기를 사용해 연습한다. 악보에서 *는 쉼표를 지시하는 것으로, 대상자들에게도 쉬는 박으로 가르친다.

② 각 대상자들이 멜로디와 베이스 파트를 각각 개별적으로 연주한다. C4음에서 시작해 숫자 1부터 배정하고 시각적 단서로 키보드에 표시한다.

③ 멜로디와 베이스는 각각 개별 트랙에 녹음한다.

4) 녹음된 음악 들어보기

각 대상자가 연주/녹음한 음악을 들려주고, 자신의 작업, 혹은 다른 그룹 구성원의 연주에 대해 평가하는 시간을 갖는다.

5) 자기 평가

워크북에 제시된 자기 평가란에 당일 자신의 활동에 대한 점수를 매겨보고, 잘한 점과 고쳐야 할 점을 각각 적어보도록 한다.

4. 기대효과

① 응용 과제 수행을 통한 기초 인지기술 적용 및 확장

② 성공적인 음악 경험을 통한 자기효능감 향상

5. 유의사항

① 11~20회기에서는 3단계 프로그램이 진행된다. 매 회기에 미디 장비와 워크북이 필요하기 때문에 프로그램 진행 전에 필요한 장비와 자료가 구비될 수 있도록 한다. 컴퓨터와 미디 장비의 경우, 기기상의 문제가 생길 수 있기 때문에 매 회기 사전 점검이 필수적이다. 또한 필요한 장비와 도구 등의 안전한 보관에 유의해야 한다.

② 강사의 미디 프로그램 사용 및 활용 기술이 필수적이다. 미디 프로그램 사용에 있어 강사의 사전 교육 및 재교육을 통해 대상자들의 다양한 음악 경험과 완성도 있는 음악 작업이 이루어질 수 있도록 한다.

12회기 : 간단한 멜로디 연주하기

1. 활동목표

응용 과제를 통한 지속적 주의집중 훈련

2. 준 비 물

미디 장비 – 키보드, 스피커, 컴퓨터(미디 프로그램), 미디 인터페이스, 미디 케이블

대상자 – 워크북, 필기도구, 악보

3. 활동내용

1) 멜로디와 베이스 악보 만들기

각 음에 숫자를 배정한 멜로디와 베이스 악보를 만든다. 강사가 제시한 악보를 참조해 워크북에 자신만의 악보를 완성한다.

〈멜로디, 베이스 악보 및 가사의 예〉

가사	오 필승	코리 아	오 필승	코리 아
멜로디	3 * * 3 3	2 3 4 * *	2 * * 2 2	1 2 3 * *
베이스	1	5	5	1

가사	오 필승	코리 아	오 오 레 오	레
멜로디	3 * * 3 3	2 3 4 * *	3 1 2 12	1 * * *
베이스	1	5	5	1

2) 리듬 연습하기

① 제시된 악보를 참조해 멜로디의 리듬을 손뼉 치기로 연습한다.

② 각 대상자가 개별적으로 리듬 치기를 시도하거나 마디를 나누어 리듬을 이어가며 연주하는 등 다양한 방법을 시도함으로써 리듬 연습이 여러 차례 반복될 수 있도록 한다.

3) 연주하기

① 완성된 악보를 참조해 멜로디와 베이스 파트를 키보드로 연주한다.

② 멜로디와 베이스에 맞는 음색을 결정한다. 강사가 각각 3~4개의 음색(멜로디를 위해 오보에나 트럼펫 등의 관악기 음색을 제시할 수 있고, 베이스를 위해서는 여러 종류의 베이스 음색을 제시해 그중에서 선택하도록 한다)을 제시하면 대상자가 선호하는 음색을 선택하도록 한다.

③ 미디 프로그램을 사용해 멜로디와 베이스 파트를 다른 트랙에 개별적으로 녹음한다.

〈작업한 미디 작업의 예〉

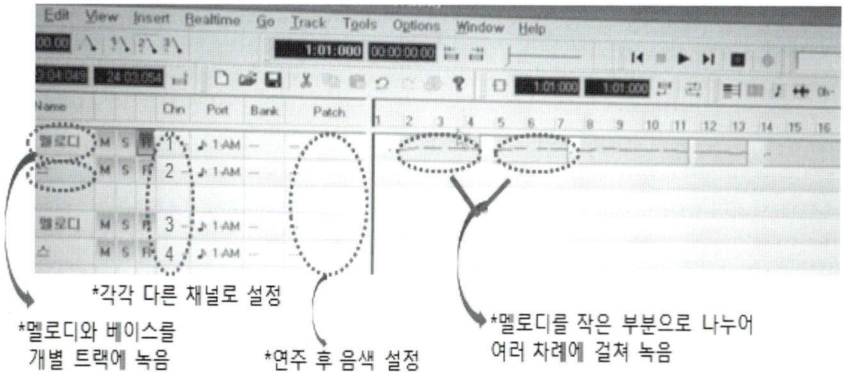

4) 녹음된 음악 들어보기

각 대상자가 연주/녹음한 음악을 들려주고, 자신의 작업, 혹은 다른 그룹 구성원의 연주에 대해 평가하는 시간을 갖는다.

5) 자기 평가

워크북에 제시된 자기 평가란에 당일 자신의 활동에 대한 점수를 매겨보고, 잘한 점과 고쳐야 할 점을 각각 적어보도록 한다.

4. 기대효과

① 응용 과제 수행을 통한 기초 인지기술 적용 및 확장

② 성공적인 음악 경험을 통한 자기효능감 향상

5. 유의사항

① 3단계 프로그램 진행에서는 대상자들의 선호곡, 혹은 창작곡이 중심이 되지만, 음악 작업의 성공적인 경험과 완성도를 높이기 위해서는 곡의 멜로디나 리듬에 변화가 적고 규칙적인 패턴을 포함하고 있는 곡을 선택하는 것이 효과적이다. 선호곡과 더불어 강사가 미리 선정한 곡을 같이 제시함으로써 대상자의 선호도를 반영함과 동시에 곡의 완성도를 높일 수 있도록 유도하는 방안을 고려하는 것이 필요하다.

② 미디 프로그램을 사용해 멜로디 녹음 시, 대상자의 기능 수준과 주의집중 정도에 따라 전체 멜로디를 한 번에 녹음할 수도 있고, 멜로디를 여러 부분으로 나누어 연주함으로써 한 번에 연주해야 하는 길이를 줄일 수도 있다. 멜로디를 여러 부분으로 나누어 연주하는 경우, 이전에 작업한 부분에 이어서 녹음할 수 있는 미디 프로그램의 특징을 적극적으로 활용할 수 있다.

③ 미디 프로그램을 사용한 연주 및 녹음은 개별적으로 이루어지기 때문에 각 대상자가 자신의 차례를 기다리는 시간이 소요될 수밖에 없다. 대상자 자신의 차례를 기다리는 동안 주의가 분산되는 가능성을 줄이기 위해 각 대상자가 한 번에 한 파트씩만 연주하거나 미디 녹음 동안에도 워크북 작업이 연장해서 진행되도록 하는 등 프로그램이 빠른 페이스로 진행되는 동시에 각 대상자가 작업 과제를 지속적으로 제공받을 수 있도록 해야 한다.

13회기 : 창작 리듬 및 멜로디 구성 1

1. 활동목표

응용 과제 안에서 분할적 주의집중 훈련

2. 준 비 물

미디 장비 – 키보드, 스피커, 컴퓨터(미디 프로그램), 미디 인터페이스, 미디 케이블, 전자드럼, 전자드럼 페달, 전자드럼 케이블

악기 – 난타 북(대상자 수에 맞춰), 리듬 스틱

비음악적 도구 – 주사위, 리듬 보드게임, 워크북, 필기도구

3. 활동내용

1) 일관적인 비트로 기본 박 연주하기

① 미디 녹음 시 사용하는 메트로놈을 튼 상태에서 대상자들에게 리듬 스틱을 제공한다. 메트로놈 비트에 맞추어 리듬 스틱을 사용해 ♩♩♩♩ 패턴을 연주하도록 한다.

② 난타 북을 제공하고 ①과 마찬가지로 메트로놈 박에 맞추어 ♩♩♩♩ 패턴을 연주하도록 한다.

③ 4분 음표로 구성된 리듬 패턴을 메트로놈에 맞추어 연주하기가 가능해지면 기본 박을 반으로 나눈 ♫♫♫♫ 패턴을 연주해본다.

④ 기본 박 연주가 가능해지면 8박의 리듬 패턴에서 연주박의 위치를 정해 그에 따라 연주하기를 진행한다. 처음 시도에는 강사가 연주 박을 정하고, 이후에는 대상자들이 직접 연주 박을 결정하도록 한다(예를

들어, 1과 5에 연주하기로 선택하면 ♩ * * * ♩ * * *의 리듬 패턴을 연주하게 된다).

2) 8마디 리듬 패턴 구성하기(보드게임 응용)

① 6회기에서 진행된 리듬 보드게임을 진행하면서 여덟 마디(한 마디는 4박으로 구성)의 리듬을 구성한다. 마찬가지로 4분 음표(♩)와 16분 음표 패턴(♫)만 기본 리듬으로 사용하고, 대상자들이 보드게임판에 적힌 리듬 과제를 수행하면서 여덟 마디의 리듬 패턴을 완성하면 게임을 종료한다.

② 각 대상자가 자신이 완성한 리듬 패턴을 리듬 패턴을 사용해 연주하고, 그룹 구성원들이 그 리듬 패턴을 같이 연주해보는 기회를 제공한다.

3) 멜로디 구성하기

① 리듬 보드게임을 통해 완성된 리듬 패턴에 멜로디를 붙인다.

② 펜타토닉 음계(도-레-미-솔-라) 안에서 멜로디를 만들 수도 있고, 두 음(도와 솔) 중에서 원하는 음을 선택해 리듬에 붙일 수도 있다. 그에 따라 대상자는 1에서 5까지의 숫자 혹은 1과 5 중에서 원하는 숫자를 각 음표에 배정하게 된다.

③ 완성된 리듬/멜로디 패턴을 연주해본다.

〈구성한 리듬 패턴에 숫자를 배정해 완성한 멜로디 악보의 예〉

4) 선호곡 녹음하기

① 강사가 사전에 준비한 선호곡의 멜로디 악보를 제시한다.

② 멜로디를 연주할 음색을 선택한다.

③ 각 대상자는 제시한 악보를 참조해 개별적으로 멜로디를 녹음한다.

〈멜로디 악보의 예〉

감수성

1	2	3	*	*	6	8	7	6	7	3	*	*	*	*	*	1	2
		3	*	*	6	8	7	6	7	5	3	*	*	*	*	3	5
		3	1	*	*	*	*	1	2	12	14	*	*	*	*	14	*
		13	*	*	*	*	*										

5) 자기 평가

워크북에 제시된 자기 평가란에 당일 자신의 활동에 대한 점수를 매겨보고, 잘한 점과 고쳐야 할 점을 각각 적어보도록 한다.

4. 기대효과

① 응용 과제 수행을 통한 기초 인지기술 적용 및 확장

② 성공적인 음악 경험을 통한 자기효능감 향상

5. 유의사항

리듬/멜로디 패턴 구성하기 및 연주하기와 더불어 선호곡 연주를 함께 진행함으로써 대상자들의 참여 동기 및 성취동기를 효과적으로 유발할 수 있다. 단선율 멜로디 연주부터 시작해 멜로디에 베이스, 코드, 드럼 파트 등을 추가하면서 연주의 난이도를 높일 수 있다.

14회기 : 창작 리듬 및 멜로디 구성 2

1. 활동목표

응용 과제 안에서 분할적 주의집중 훈련

2. 준 비 물

미디 장비 – 키보드, 스피커, 컴퓨터(미디 프로그램), 미디 인터페이스, 미디 케이블

악기 – 난타 북(대상자 수에 맞춰), 붐웨커

대상자 – 워크북, 필기도구

3. 활동내용

1) 일관적인 비트로 기본 박 연주하기

① 미디 녹음 시 사용하는 메트로놈을 튼 상태에서 대상자들에게 붐웨커를 제공한다. 메트로놈 비트에 맞추어 리듬 스틱을 사용해 ♩♩♩♩ 패턴을 연주하도록 한다.

② 난타 북을 제공하고 ①과 마찬가지로 메트로놈 박에 맞추어 ♩♩♩♩ 패턴을 연주하도록 한다.

③ 4분 음표로 구성된 리듬 패턴을 메트로놈에 맞추어 연주하기가 가능해지면 기본 박을 반으로 나눈 ♫♫♫♫ 패턴을 연주해본다.

④ 기본 박 연주가 가능해지면 리듬 패턴을 8박으로 구성해 연주해야 하는 박의 위치를 정해 그에 따라 연주하기를 진행한다. 처음 시도에는 강사가 연주 박을 정하고, 이후에는 대상자들이 직접 연주 박을 결정

하도록 한다(예를 들어, 강사가 1과 5에 연주하기로 선택하면 ♩ * * * ♩ * * *의 리듬 패턴을 연주하게 된다).

2) 멜로디 구성하기

① 한 마디에 4박씩 구성되는 리듬에 멜로디를 붙여 4마디의 멜로디 패턴을 구성한다. 13회기와 마찬가지로 대상자는 1에서 5까지의 숫자 혹은 1과 5 중에서 원하는 숫자를 각 음표에 배정한다.

② 대상자에 따라 베이스와 스트링을 추가할 수도 있다. 베이스 라인을 추가하는 경우에는 조의 근음과 5음(예를 들어 C장조의 경우에는 C음과 G음임)만을 사용해 구성하도록 하고, 스트링을 추가하는 경우에는 멜로디 라인에 상충되지 않을 수 있도록 C음(숫자 1과 8 배정)만 사용해 구성하도록 한다.

③ 각 파트를 위한 음색을 선택한다.

④ 완성된 악보를 참조해 각 파트를 연주한다.

〈완성된 창작 멜로디의 예〉

창작 멜로디 연주

멜로디	1	1	5	5	2	3	1	1
베이스	1				5			
스트링	1				8			

멜로디	2	3	5	5	5	1	2	1
베이스	5				1			
스트링	1				8			

3) 선호곡 녹음하기

① 강사가 사전에 준비한 선호곡의 멜로디 악보를 제시한다.

② 녹음된 멜로디를 연주할 음색을 선택한다.

③ 각 대상자는 제시한 악보를 참조해 개별적으로 멜로디를 녹음한다.

〈멜로디 악보의 예〉

하울의 움직이는 성

멜로디	13	2	4	6	*	*	5	4	3	4	*	*	2	4	6
베이스				5	*	*	6	*	*	2	*	*	1	*	*

멜로디	9	*	*	9	8	7^b	8	*	*	3	6	8
베이스	7^b	*	*	7^b	*	*	6	*	*	2	*	*

멜로디	10	*	9	8	7	8	9	*	8	7	6	*
베이스	12	*	*	3	*	*	6	*	*	5	*	*

멜로디	5	4	5	6	5	2	3	*	*
베이스	4	*	*	3	*	*	6	*	*

4) 자기 평가

워크북에 제시된 자기 평가란에 당일 자신의 활동에 대한 점수를 매겨보고, 잘한 점과 고쳐야 할 점을 각각 적어보도록 한다.

4. 기대효과

① 응용 과제 수행을 통한 기초 인지기술 적용 및 확장

② 성공적인 음악 경험을 통한 자기효능감 향상

5. 유의사항

창작곡 멜로디 녹음 시 울림이 있는 비브라폰이나 글로켄슈필, 뮤직 박스 등의 음색을 활용하면 멜로디를 효과적으로 부각시킬 수 있다.

15회기 : 드럼 패턴 연주하기 1

1. 활동목표

통합적 주의집중 훈련

2. 준 비 물

미디 장비 – 키보드, 스피커, 컴퓨터(미디 프로그램), 미디 인터페이스, 미디 케이블

악기 및 음악적 도구 – CD 플레이어, CD(드럼 비트), 젬베, 혹은 콩가 등의 드럼류

비음악적 도구 – 워크북, 필기도구, 풀, 가위, 시각 자료, 대상자들이 선호하는 랩 가사

3. 활동내용

1) 드럼 자유 연주

① 각 대상자에게 젬베(혹은 봉고 등의 드럼류 악기)를 제공하고, 드럼 비트를 녹음한 음원을 들으면서 음원에 맞추어 자유롭게 연주하도록 한다.

② 세 개의 드럼 비트에 맞추어 연주한 후, 어떤 리듬(드럼 비트)이 마음에 들고, 왜 그런지에 대해 자유롭게 이야기한다.

2) 드럼 비트 구성하기

① 각 대상자에게 드럼 비트를 구성할 악보 종이와 시각 자료(숫자 악보와 악기 그림)를 제공한다. 악보의 각 행이 다른 색깔의 숫자를 포함할 수 있도록 숫자 악보를 잘라 해당하는 칸에 붙이도록 한다.

② 각 행을 어떤 악기로 연주할지, 대상자들에게 각 악기의 음색을 들려주고 원하는 음색을 선택하도록 한다(강사는 사전에 키보드의 어떤 음에 어떤 악기 음색이 저장되어 있는지 확인하고, 키보드 건반 위에 대상자들에게 제공하는 것과 같은 악기 그림을 붙여놓는다). 각 행의 첫 칸에 원하는 악기 그림을 잘라 붙이도록 한다.

〈대상자에게 제시되는 악보와 시각 자료의 예〉

1	5	3	4	7	8	2	6	3	7

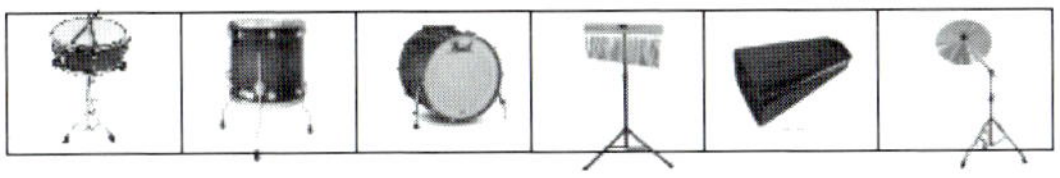

	1	2	3	4	5	6	7	8

〈대상자가 완성한 드럼 비트 악보의 예〉

	1	2	3	4	5	6	7	8
	1				5			
			3	4			7	8
		2				6		
			3				7	

3) 각각의 드럼 파트 연주

① 완성한 드럼 비트 악보를 참조해 각 악기별로 연주 및 녹음한다. 악기에 따라 개별 트랙에 녹음될 수 있도록 한다.

② 대상자의 연령 및 기능 수준에 따라 제시된 리듬 패턴을 4회 반복해서 연주할 수도 있고, 8박의 리듬 패턴(한 마디 길이)을 1회만 녹음하고 이후에 강사가 녹음된 부분을 이어 붙여 네 마디 혹은 여덟 마디 정도의 드럼 비트가 구성되도록 할 수 있다.

③ 개별 녹음이 끝나면 녹음된 트랙을 동시에 연주시켜 완성된 드럼 비트를 감상한다.

4) 완성한 드럼 비트에 맞추어 랩 하기

① 대상자들이 선호하는 노래의 랩 가사나 대상자의 연령과 기능 수준을 고려한 랩 가사를 제시한다.

② 완성한 드럼 비트에 맞추어 제시된 랩을 하도록 한다.

5) 자기 평가

워크북에 제시된 자기 평가란에 당일 자신의 활동에 대한 점수를 매겨보고, 잘한 점과 고쳐야 할 점을 각각 적어보도록 한다.

4. 기대효과

① 응용 과제 수행을 통한 기초 인지기술 적용 및 확장

② 성공적인 음악 경험을 통한 자기효능감 향상

5. 유의사항

① 대상자들의 성공적인 과제 수행을 위해 녹음은 대상자들이 일반적으로 연주하는 템포에 맞추어 이루어지지만, 녹음이 완성되면 연주되는 속도를 높여 실제 드럼 비트와 비슷한 효과를 낼 수 있도록 한다.

② 대상자가 베이스 드럼을 선택하지 않은 경우, 강사가 베이스 드럼을 사용해 기본 박(마디의 첫 박, 혹은 마디의 첫 박과 넷째 박)을 녹음해 대상자들이 작업한 드럼 비트에 추가한다. 이렇게 함으로써 연주된 음악의 리듬적 구조가 안정적으로 유지되도록 할 수 있다.

16회기 : 드럼 패턴 연주하기 2

1. 활동목표

통합적 주의집중 훈련

2. 준 비 물

미디 장비 – 키보드, 스피커, 컴퓨터(미디 프로그램), 미디 인터페이스, 미디 케이블, 전자드럼, 전자드럼 페달, 전자드럼 케이블, 드럼 스틱

대상자 – 워크북, 필기도구, 풀, 가위, 시각 자료

3. 활동내용

1) 전자드럼 탐색하기

① 각 대상자에게 전자드럼을 자유롭게 연주할 기회를 제공하고, 강사는 대상자의 연주에 맞추어 키보드 반주를 제공한다.

② 개별 탐색이 끝나면 전자드럼의 각 패드와 페달을 연주해보면서 각 부분에 숫자, 혹은 그림 카드를 붙인다. 대상자가 각각의 음색을 구분하기가 가능하면 각 패드에 해당하는 드럼 파트의 그림 카드를 붙일 수 있다.

〈필요한 미디 장비〉

기본 미디 장치(키보드, 컴퓨터, 미디 인터페이스, 미디 케이블, 스피커)

+ 전자 드럼, 전자드럼 페달, 전자드럼 케이블, 드럼 스틱

2) 제시된 드럼 비트 연주하기

① 지난 회기와 동일한 방식으로 드럼 비트 악보를 만든다. 악보 종이와 숫자 악보, 악기 그림 등을 제공해 강사가 사전에 계획한 패턴의 드럼 비트 악보가 구성되도록 한다(색깔 카드에 숫자가 적혀 있어 대상자는 그 숫자에 해당하는 칸에 카드를 붙이게 된다. 대상자의 자발적 드럼 비트를 구성하기 위해서는 숫자 없이 색깔 카드만 제시해 원하는 칸에 붙일 수 있도록 한다).

1	2	3	4	5	6	7	8
1				5			

강사가 사전에 리듬 패턴 제시

1	2	3	4	5	6	7	8

대상자가 직접 리듬 패턴 구성

② 완성한 드럼 비트 악보를 참조해 각 악기를 개별 트랙에 녹음한다.

③ 녹음이 완성된 모든 트랙이 동시에 연주되도록 하여 작업된 드럼 비트를 들어본다.

3) 드럼 비트 구성 및 연주하기

① 2)의 ① 활동에서 사용한 것과 같은 악보 종이와 시각 자료를 제공한다.

② 대상자가 숫자 악보를 직접 구성하도록 한다. 최소한 세 개 이상의 드럼 파트가 포함되도록 악보를 구성하고, 대상자의 기능 수준과 선호도에 따라 드럼 파트를 추가할 수 있다.

③ 완성된 악보를 참조해 각 드럼 파트별로 다른 트랙에 녹음한다.

④ 녹음된 모든 트랙이 동시에 연주되도록 해 완성된 드럼 비트를 감상한다.

4) 스트링 파트 추가하기

① 반복적인 패턴으로 구성된 스트링(string) 파트 악보를 제공한다.

② 스트링 파트를 위한 음색을 결정한다. 강사가 사전에 3~4개 음색을 결정해놓고, 그 안에서 대상자가 원하는 음색을 선택하도록 한다.

③ 제공된 악보를 참조해 스트링 파트를 연주/녹음한다.

④ 앞서 녹음한 드럼 비트와 스트링 파트를 동시에 연주되도록 해 완성된 작업을 감상한다.

〈스트링 파트 악보의 예〉

	1	2	3	4	5	6	7	8
스트링	1				8			

	1	2	3	4	5	6	7	8
스트링	1				8			

5) 자기 평가

워크북에 제시된 자기 평가란에 당일 자신의 활동에 대한 점수를 매겨보고, 잘한 점과 고쳐야 할 점을 각각 적어보도록 한다.

4. 기대효과

① 응용 과제 수행을 통한 기초 인지기술 적용 및 확장

② 성공적인 음악 경험을 통한 자기효능감 향상

5. 유의사항

대상자에게 안정적인 리듬 구조가 생기도록 드럼 비트를 구성하지 않은 경우를 대비해 강사가 사전에 베이스 드럼을 사용해 기준 박(마디의 첫 박 혹은 마디의 첫 박과 넷째 박)을 연주한 것과 하이-햇(high hat) 드럼을 사용해 기준 박을 반으로 나누어 연주한 것(♫♫♫♫ 패턴)을 녹음해놓는다. 녹음된 리듬은 대상자가 녹음한 드럼 비트를 감상할 때 같이 연주되도록 해 작업의 완성도를 높일 수 있다.

17회기 : 전체 음악 구성하기

1. 활동목표

응용 과제 안에서 순서화 기술 훈련

2. 준 비 물

미디 장비－키보드, 스피커, 컴퓨터(미디 프로그램), 미디 인터페이스, 미디 케이블

대상자－워크북, 필기도구

3. 활동내용

1) 이전 프로그램 회기에서 작업한 음악 리뷰하기

① 13, 14회기에서 작업한 멜로디와 15, 16회기에서 작업한 드럼 비트를 제시한다. 작업한 음악 중에서 멜로디와 드럼 비트 한 가지씩을 선택하도록 한다.

② 기존의 작업에서 수정 혹은 추가하고 싶은 부분에 대해 이야기해본다. 멜로디 작업은 이전 회기에서 여덟 마디로 이루어졌기 때문에 대상자와 상황에 따라 작업한 내용을 복사해 열여섯 마디로 만들 수도 있고, 이전 작업에 이어 새로운 멜로디를 추가할 수도 있다.

2) 전체 음악 구성하기

① 이전에 작업한 악보와 도입 활동에서 수정하거나 추가하기로 결정된 내용을 바탕으로 드럼과 멜로디(리듬과 멜로디 패턴) 악보를 만든다.

〈워크북을 활용한 전체 악보 작업 제시의 예〉

주제: 창작곡 완성

(드럼 악보 완성)

<table>
<tr><th></th><th colspan="2">1</th><th colspan="2">2</th><th colspan="2">3</th><th colspan="2">4</th><th colspan="2">5</th><th colspan="2">6</th><th colspan="2">7</th><th colspan="2">8</th></tr>
<tr><td></td><td colspan="2"></td><td colspan="2"></td><td colspan="2"></td><td colspan="2"></td><td colspan="2"></td><td colspan="2"></td><td colspan="2"></td><td colspan="2"></td></tr>
<tr><td></td><td colspan="2"></td><td colspan="2"></td><td colspan="2"></td><td colspan="2"></td><td colspan="2"></td><td colspan="2"></td><td colspan="2"></td><td colspan="2"></td></tr>
<tr><td></td><td colspan="2"></td><td colspan="2"></td><td colspan="2"></td><td colspan="2"></td><td colspan="2"></td><td colspan="2"></td><td colspan="2"></td><td colspan="2"></td></tr>
<tr><td></td><td></td><td></td><td></td><td></td><td></td><td></td><td></td><td></td><td></td><td></td><td></td><td></td><td></td><td></td><td></td><td></td></tr>
</table>

(전체 악보 완성)

코드				
베이스				
리듬				
멜로디				
가사				

② 코드와 베이스는 곡의 화성적인 구조를 제공해야 하기 때문에 대상자들이 완성한 멜로디 패턴에 맞추어 강사가 만들어 제시한다.

〈완성된 전체 악보의 예〉

(드럼 악보 완성)

	1		2		3		4		5		6		7		8	
드럼 1	1								5							
드럼 2			2								6					
드럼 3					3		4						7		8	
드럼 4	1	2	3	4	5	6	7	8	1	2	3	4	5	6	7	8

	1	2	3	4	5	6	7	8
드럼 1	1				5			
드럼 2		2				6		
드럼 3			3	4			7	8
드럼 4	1	2	3	4	5	6	7	8

(전체 악보 완성)

코드	1				8			
베이스	8		8		6		6	
리듬	♩	♩	♩	♩	♩	♩	♩	♩
멜로디	1	1	5	5	2	3	5	5

코드	1				8			
베이스	4		4		5		5	
리듬	♩	♩	♩	♩	♩	♩	♩	♩
멜로디	5	1	2	1	2	3	1	1

③ 각 파트를 위한 음색을 선택한다.

④ 완성된 악보를 참조해 드럼 비트나 멜로디 파트를 수정한다.

⑤ 완성된 악보를 참조해 코드와 베이스 파트를 추가 녹음한다.

⑥ 녹음한 전체 트랙을 동시에 연주되도록 해 전체 음악을 들어본다.

⑦ 자신의 음악과 다른 대상자들의 음악에 대해 평가해본다.

3) 자기 평가

워크북에 제시된 자기 평가란에 당일 자신의 활동에 대한 점수를 매겨보고, 잘한 점과 고쳐야 할 점을 각각 적어보도록 한다.

4. 기대효과

① 응용 과제 수행을 통한 기초 인지기술 적용 및 확장

② 성공적인 음악 경험을 통한 자기효능감 향상

5. 유의사항

멜로디가 포함된 미디 작업의 경우, 대상자들의 성취감 및 성공적인 음악적 경험이 과제에 대한 지속적 참여 동기에 있어 중요한 역할을 하게 된다. 따라서 대상자들의 작업 이후 강사가 피아노 반주 파트를 추가해 녹음함으로써 음악적 완성도를 높일 수 있다.

18회기 : 창작곡 가사 만들기

1. 활동목표

자기 결정 훈련

2. 준 비 물

미디 장비 – 키보드, 스피커, 컴퓨터(미디 프로그램), 미디 인터페이스, 미디 케이블, 마이크, 마이크 라인

대상자 – 워크북, 악보

3. 활동내용

1) 자신을 소개하는 말 녹음하기

① 자신을 나타낼 수 있는 단어를 선택하고, 그 단어를 중심으로 자신을 소개하는 한두 문장을 만든다. 대상자의 연령과 기능 수준에 따라 자신을 표현할 수 있는 형용사나 단어를 선택하도록 할 수도 있고, 자신의 이름과 좋아하는 것을 소개하도록 할 수도 있다.

② 17회기에 완성된 창작곡 연주에 맞추어 자신을 소개하는 말을 녹음한다. 소개하는 말의 길이에 맞추어 창작곡 연주의 템포를 조정해 대상자의 녹음 속도와 반주 속도가 적절하게 맞춰지도록 한다.

2) 가사 만들기

① 노래의 주제를 정한다. 대상자들이 자발적으로 결정하는 데 어려움이 있는 경우에는 강사가 몇 가지 예를 제시하고, 그 안에서 대상자들이 한 가지를 선택하도록 한다.

② 워크북을 활용해 동그라미 안에 주제를 적고, 동그라미에서 가지를 치듯이 선을 그어 각 선에 그 주제와 관련되거나 연상되는 단어나 경험 등을 적는다.

〈워크북을 통해 제시되는 아이디어 작업의 예〉

주제: 창작곡 가사 만들기(멜로디 구성)

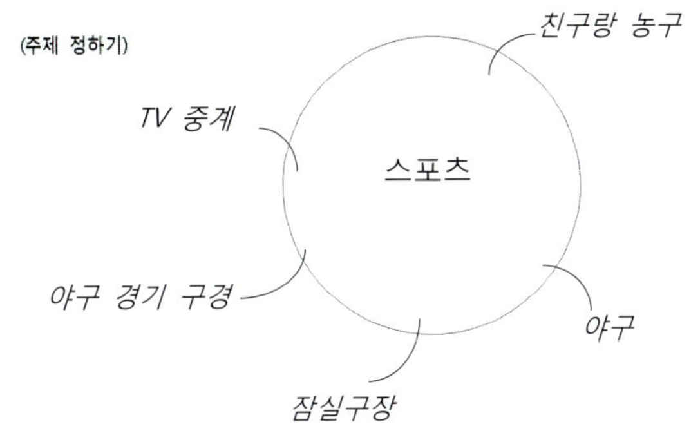

③ 아이디어 작업(brainstorming)을 바탕으로 주제와 관련된 문장을 작성한다. 대상자와 그룹 상황에 따라 1~4개의 문장을 만들도록 하고 공동으로 후렴구를 만들 수도 있다.

④ 작성한 문장을 바탕으로 노래 가사를 완성한다.

3) 노래 녹음하기

〈필요한 미디 장비〉

기본 미디 장치(키보드, 컴퓨터, 미디 인터페이스, 미디 케이블, 스피커)

\+ 마이크, 마이크 케이블,
탁상용 마이크 스탠드

강사가 사전에 녹음한 반주에 맞추어 노래를 녹음한다. 강사는 프로그램 전에 대상자들이 작업한 노래에 융통성 있게 적용될 수 있도록 간단한 코드 진행(예 : CM7-Am7-FM7-G7)이 반복되는 형태로 반주를 녹음해놓는다.

4) 선호곡 노래 녹음하기

① 사전에 선택한 대상자들의 선호곡 악보와 노래 가사를 제시한다.

② 강사가 사전에 녹음한 반주에 맞추어 노래를 부른다.

③ 녹음 작업에 대한 구체적인 계획을 세운다. 그룹 전체가 전체 곡을 부를지, 대상자별로 파트를 나누어 부를지 등을 결정할 수 있다. 상황에 따라 노래의 일부분을 바꾸어보는 작업도 시도할 수 있다.

④ 노래를 녹음한다.

⑤ 음향 효과적인 요소를 대상자들이 녹음할 수 있도록 한다. 전주가 끝나는 부분이나 후렴구로 넘어가는 부분, 클라이맥스 부분 등에서 독특한 음향효과를 낼 수 있는 윈드 차임이나 타악기 음색을 간단한 리듬 패턴으로 연주해 반주에 추가한다.

5) 자기 평가

워크북에 제시된 자기 평가란에 당일 자신의 활동에 대한 점수를 매겨보고, 잘한 점과 고쳐야 할 점을 각각 적어보도록 한다.

4. 기대효과

① 응용 과제 수행을 통한 기초 인지기술 적용 및 확장

② 성공적인 음악 경험을 통한 자기효능감 향상

5. 유의사항

① 자발적으로 주제와 관련된 내용을 표현하거나 문장을 구성하는 데 어려움이 있는 대상자의 경우에는 강사가 사전에 가사를 준비한다. 문장에 빈칸을 만들어놓고, 대상자가 그 빈칸에 한두 단어만을 채우도록 한다.

② 강사가 사전에 녹음해놓을 반주의 경우, 기본적으로 피아노 반주로 구성될 수 있지만 드럼 비트나 타악기 리듬도 추가하면 음악적 효과를 높일 수 있다. 독특한 음색을 지닌 악기를 사용해 음향 효과적인 요소를 추가하면 대상자들의 참여 동기를 보다 효과적으로 끌어낼 수 있다.

19회기 : 공동으로 음악 녹음하기

1. 활동목표

응용 과제에서 공동 과제 수행 훈련

2. 준 비 물

미디 장비 – 키보드, 스피커, 컴퓨터(미디 프로그램), 미디 인터페이스, 미디 케이블, 마이크, 마이크 라인

대상자 – 워크북, 악보, 곡목 리스트(3단계 프로그램에서 작업한 곡 전체)

3. 활동내용

1) 노래 재녹음하기

① 지난 회기에 녹음한 노래를 다시 들어보고 어떤 부분이 잘 녹음되었는지, 어떤 부분이 수정되면 좋을지 이야기해본다.

② 녹음된 반주 음악에 맞추어 노래를 재녹음한다.

③ 지난 회기에 녹음한 것과 재녹음한 것을 듣고 비교해본다. 대상자들이 최종적으로 CD에 넣을 곡을 선택하도록 한다.

2) 악보 만들기

멜로디 파트와 베이스 파트, 드럼 파트 등으로 구성된 악보를 제시한다. 제시된 악보를 참조해 대상자들이 각자의 악보를 완성하도록 한다.

〈공동 음악 작업 악보의 예〉

– 센치한 하하의 「찹쌀떡」

찹쌀떡

노래	* * * 그 대는 찹쌀				떡 * *그대는나의메밀				국 수 * * 그대는 나의				땅 콩 오 징 어 노가리			
멜로디																
베이스					C	2	3	4	G	2	3	4	F	2	G	4
퍼커션					1	2	3	4	1	2	3	4	1	2	3	4

노래	* * * 그 대는 찹쌀				국 * *그대는나의부대				찌 개 * * 그대는 나의				묵 밥 가 리 비 미더덕			
멜로디																
베이스	C	2	3	4	C	2	3	4	G	2	3	4	F	2	G	4
퍼커션	1	2	3	4	1	2	3	4	1	2	3	4	1	2	3	4

* 노래 가사는 사전에 포함되어 있는 반면, 베이스와 퍼커션 파트 악보의 숫자는 채워지지 않은 악보를 제시함으로써 대상자들이 직접 숫자 악보를 만들 수 있는 기회를 제공할 수도 있다.

3) 공동 음악 녹음하기

① 각 파트를 어느 대상자가 연주할지 결정한다(예 : 센치한 하하의 「찹쌀떡」을 공동으로 작업한다고 할 때, 김철수는 멜로디 파트만 녹음하고 이음악은 베이스 파트를, 홍길동은 퍼커션 파트를 녹음하는 방식으로 역할을 나누어 연주 및 녹음이 진행될 수 있다).

② 각 대상자의 연주를 개별 트랙에 녹음한다. 강사가 사전에 기본적인 음악의 틀을 제공할 수 있는 파트(예를 들어, 노래의 멜로디)를 녹음해놓음으로써 각 대상자가 곡의 처음부터 끝까지 마디나 박을 지속적으로 계산하면서 연주에 참여하지 않고 특정한 부분만 연주하기가 가능하도록 한다.

③ 개별 작업이 완성된 후, 작업된 모든 트랙이 동시에 연주되도록 해 완성된 음악을 들어본다.

4) CD 곡 리스트 결정하기

① 각 대상자에게 3단계 프로그램에서 작업한 곡 전체 리스트를 제시한다. 각 대상자가 자신이 CD에 넣고 싶은 곡을 선택해 표시하도록 한다.

② 각자가 선택한 곡과 선택하지 않은 곡에 대해 다른 그룹 구성원들과 함께 이야기한다.

〈대상자에게 제시할 곡 리스트의 예〉

홍길동

체크	작업한 곡
	1. 창작곡 멜로디 연주
	2. 드럼 연주
	3. 종소리 연주

5) 자기 평가

워크북에 제시된 자기 평가란에 당일 자신의 활동에 대한 점수를 매겨보고, 잘한 점과 고쳐야 할 점을 각각 적어보도록 한다.

4. 기대효과

① 성공적인 과제 수행을 통한 내재적인 성취동기 향상

② 긍정적인 그룹 음악 경험을 통한 상호교류 및 사회기술 향상

5. 유의사항

① 강사가 사전에 피아노 반주 파트나 음악적 효과를 나타낼 수 있는 파트 등을 녹음함으로써 대상자들에게 기본적인 음악적 구조를 제공하는 것이 좋다. 이렇게 함으로써 대상자들이 실제 음악이 진행되는 흐름을 따라가며 용이하게 연주에 참여할 수 있고, 결과적으로 만들어지는 음악의 완성도도 높일 수 있다.

② 각 파트 배정 과정에 있어 강사가 대상자의 성향과 기능 수준, 음악적 기술 등을 사전에 고려해 각 대상자가 성공적으로 참여할 수 있는 특정 파트를 배정할 수도 있다. 예를 들어, 일관적인 비트 유지가 가능한 대상자에게는 드럼 파트를 녹음하도록 하고, 정확한 리듬 연주가 어려워 지속적으로 추가적인 촉진이 필요한 대상자에게는 길이가 길지 않은 특정 멜로디 파트만을 녹음하도록 할 수 있다.

20회기 : CD 완성하기

1. 활동목표

프로그램 마무리

2. 준 비 물

컴퓨터(CD 굽는 프로그램), 워크북, 공 CD, CD 케이스, 색칠도구, 스피커, 스톱워치(사후검사 실시 시 필요)

3. 활동내용

1) CD 커버를 장식할 아이디어 나누기

강사는 대상자가 자발적으로 아이디어를 내거나 그림 등을 그리는 데 어려움이 있을 경우를 대비해 대상자의 이름이나 간단한 그림 등을 미리 포함하고 있는 커버 용지를 추가적으로 준비해 최소한의 작업을 통해서도 커버가 완성될 수 있도록 유도한다.

2) CD 커버 완성 작업 준비하기

워크북에 제시된 커버 용지(혹은 이름이나 그림 등이 사전에 제시되어 있는 추가 커버 용지 중에서 원하는 것 고르기)와 색칠 도구 등에서 자신이 원하는 재료를 선택한다.

〈대상자에게 제공되는 CD 커버의 예〉

기본 커버　　　　이름이나 그림 등을 제시한 커버

3) CD 커버 만들기(워크북 활용)

① 대상자들은 자신이 원하는 글씨나 그림 등을 그려 CD 커버를 완성한다. 강사는 완성된 CD와 관련해 대상자들이 무엇을 표현하고 싶었는지 이야기하도록 유도한다.

② 완성된 CD 커버를 케이스에 넣어 활동을 마무리한다.

4) CD 굽기

① 지난 회기에서 CD에 포함시키기로 결정했던 곡들을 다시 들으며 CD에 넣을 곡들을 확인하고, 어떤 순서로 넣고 싶은지 결정한다. 대상자의 기능과 성향에 따라 CD에 넣을 곡의 순서를 자발적으로 정하고, 그 순서대로 리스트를 직접 작성하도록 유도할 수도 있고, 미리 완성된 리스트를 제시할 수도 있다.

② 컴퓨터의 오디오 파일 굽기 프로그램을 통해 강사가 CD를 굽는 동안 곡 리스트를 제시하고 있는 CD 속지를 케이스 안에 넣는다.

〈대상자에게 제공되는 CD 속지의 예〉

1. 종소리
1. 음악은 즐거워
드럼 : 홍길동　　피아노 : 이음악

2. 우리들의 노래
드럼 : 홍길동　　베이스 : 김철수
노래 : 홍길동, 김철수

- 강사가 반주를 덧붙인 경우에는 강사의 이름도 포함시키고, 공동으로 작업한 곡의 경우에는 각자가 담당했던 악기 파트에 대상자의 이름을 포함시킴으로써 공동 작업을 통해 음악이 완성되는 과정과 자신이 한 작업이 공동 작업에 미치는 역할과 공헌도에 대해 인식할 수 있도록 돕는다.

5) 음악 감상

완성된 각자의 CD를 함께 들어본다. 자신의 CD 곡 중에서 가장 마음에 드는 곡을 이야기하거나 다른 구성원의 CD 중에서 마음에 드는 곡을 이야기하도록 유도하면서 자신이나 다른 구성원의 작업에 대해 긍정적인 평가를 할 수 있는 기회를 제공한다.

6) 사후 검사 실시

프로그램 1회기에 실시된 FAIR 주의집중력검사를 실시한다(약 10분 소요). 사전 검사가 실시된 동일한 환경에서 동일한 절차로 검사를 실시한다.

7) 프로그램 마무리

워크북 마지막에 있는 자가 평가 부분을 작성하면서 프로그램을 통해 발견한 자신의 장점과 프로그램에 대해 만족했던 부분과 불만족스러웠던 부분에 대해 이야기하는 시간을 갖는다.

4. 기대효과

① 성공적인 과제 수행을 통한 내재적인 성취동기 향상

② 긍정적인 그룹 음악 경험을 통한 상호교류 및 사회기술 향상

5. 유의사항

① 본 회기의 프로그램 진행 전에 강사는 대상자들이 3단계 프로그램 동안 작업했던 전체 음악을 수정하고 완성하는 시간을 개별적으로 갖는다. 필요에 따라 대상자가 완성한 음악 작업에 강사가 반주 파트를 덧붙일 수도 있고, 대상자의 고유한 작업과 아이디어가 훼손되지 않는 범위 안에서 음악적 완성도를 높일 수 있는 수정 작업을 거칠 수도 있다.

② 모든 미디 작업을 wave 파일로 미리 저장해 본 회기에서는 CD를 굽는 작업만 효율적으로 이루어질 수 있도록 한다.

③ 완성된 CD는 프로그램이 종료된 후 대상자 각자가 가져갈 수 있도록 한다.

프로그램명 3

의사소통능력 향상을 통한 기초학습증진 프로그램

1회기 : 나에게 맞는 단계 찾기
2회기 : 나는 누구일까요?
3회기 : 여섯 가지 의문사 알기!
4회기 : 꾸미는 말 넣기
5회기 : 연결하는 말 알기
6회기 : 시제 알기
7회기 : 비슷한 말, 반대말 찾기
8회기 : 릴레이 글짓기
9회기 : 문장제 수학 문제를 풀기 1
10회기 : 문장제 수학 문제를 풀기 2
11회기 : 중간 점검하고 가기
12회기 : 글 속에서 단어의 의미 찾기!
13회기 : 어휘유추놀이 1
14회기 : 어휘유추놀이 2
15회기 : 짧은 글 읽고 이해하기
16회기 : 추론하기 1
17회기 : 추론하기 2
18회기 : 쓰기 흥미 갖기
19회기 : 쓰기 경험 늘리기
20회기 : 총정리하기

최근 사회경제적 지위의 불평등 심화와 함께 교육의 기회 확대를 위한 중학교 무시험 진학 및 고등학교 평준화 정책 등으로 인해 학습에 어려움을 겪는 학습부진아가 점차 증가하고 있다. 특히 가정의 낮은 사회경제적 지위는 교육 기회의 불균등을 초래하고, 이는 기초학습능력의 부족으로 이어져 학업성취에 많은 어려움을 겪게 되므로 학습부진아의 학업 성취도를 향상시키기 위해서는 학생의 기초학습능력을 파악하는 것이 매우 중요하다(김동일, 2000; 박효정 외, 2000; 김경근 외, 2007; 조영희, 2009; 안현정 외, 2012).

기초학습능력이란 학생들이 학습하는 데 있어 기본적으로 갖추어야 하는 능력이며 일반적으로 3R's로 통칭되는 읽기(reading), 쓰기(writing), 셈하기(arithmetic) 능력을 의미한다(조영희, 2009; 심진예 외, 2012). 기초학습능력은 아동들의 학업 성취도에 영향을 줄 뿐만 아니라 아동 자신의 삶의 질 향상 및 개인의 자아실현과도 직결되는 문제이다. 기초학습능력의 부족은 학년이 올라가면서 해소되지 않고 더욱 정체되어 심화된 교육과정에 영향을 주게 되며, 나아가 성인기에 이르기까지 삶의 전반에 걸쳐 부정적인 영향을 줄 수 있다. 직장에서도 기초학습능력이 다양한 직무를 수행하기 위한 최소한의 능력이자 일반적인 능력이므로 성인이 되어서도 매우 중요한 능력이라 할 수 있다(심진예 외, 2012; 안현정 외, 2012). 그러므로 학습부진아의 기초학습능력을 평가한 후 개개인의 수준에 맞는 적절한 교육을 제공하여 학습부진아의 학습격차를 학령기에 미리 해소해야 한다.

학습에 있어 가장 근본이 되는 기초학습은 언어, 즉 의사소통을 매개로 이루어지므로 의사소통이 기초학습능력에 많은 영향을 미치게 된다. 실제로 학습부진아는 독서 및 대화 경험 부족 등으로 인해 기본 언어능력을 습득하지 못한 경우가 많고, 학교 교사들 또한 학습부진의 주요 원인은 학생의 언어능력 부족이라고 지적한다(김경근 외, 2007, 최평임 외, 2009). 국내외의 많은 연구에서도 학습부진아는 학령기 전에 언어습득이 지체되는 경우가 많거나 언어장애 아동들이 학령기에 들어서면서 학습에 문제를 보이는 경우가 많다고 하였다. 즉, 언어능력, 의사소통 능력에서의 문제가 학습부진을 초래하거나 학습부진으로 인해 의사소통 능력에도 영향을 미칠 가능성이 있다는 것이다(Catts et al., 2005, Catts et al., 2006; Snowling et al, 2000; Young et al., 2002; 허현숙 외, 2011). 따라서 의사소통 능력과 기초학습 능력은 매우 밀접한 관계에 있으며 의사소통능력 향상을 통해 기초학습 능력을 증진시키는 것이 매우 중요하다고 할 수 있다.

그러므로 본 프로그램에서는 먼저 평가를 통해 학습부진아의 기초학습능력 수준을 파악한 후 의사소통능력을 향상시킴으로써 개개인의 부족한 기초학습 능력을 증진시키고자 한다. 또한 학습부진아의 학업성취도를 향상시켜 아동의 자존감 향상 및 삶의 질 향상을 위해 도움을 주고자 한다.

본 기초학습증진 프로그램은 총 4단계로 한글익히기를 통한 읽기 유창성 증진, 낱말 이해능력과 문장력 향상, 읽기 이해능력 향상, 읽기 및 쓰기 전략으로 순으로 진행된다. 각 단계는 20회기로 구성되었으며, 회기별 진행시간은 45분, 대상은 초등학교 1학년~중학교 2학년으로 개별 또는 3~5명의 소집단으로 제한한다.

■ 프로그램 개요

아동의 수준별 초기 평가 결과를 바탕으로 1~4단계 프로그램 중 아동의 수준에 맞는 프로그램을 선택하여 진행한다.

1단계	• 문자해독 전략(형태, 음소, 음절, 문맥 등의 분석 & 반복적 경험을 통한 즉시읽기 활동)과 발음중심법의 음운인식 활동을 통한 읽기 유창성 향상
2단계	• 어휘간의 의미적 단위를 파악하여 어휘 전체의 뜻 이해 • 구문 이해 활동을 통한 문장력 향상
3단계	• 문맥과 범주를 활용한 어휘 유추 • 읽기 활동 시 글 내용을 중심으로 사실적, 추론적, 평가적, 감상적 읽기 이해 능력 향상
4단계	• 국어 교과목 지문을 바탕으로 교과연계 읽기를 통한 독해력, 비판적 사고력, 문제해결력 향상 • 내용 분석을 통한 쓰기 전략 능력 향상

■ 프로그램 대상

초등학교 1학년~중학교 2학년 학생들 중 기초적인 읽기 및 쓰기 능력에 어려움이 있는 학습부진 아동을 대상으로 한다.

■ 프로그램 목적 및 목표

한글인시와 유창한 읽기에 어려움이 있는 아동의 기초학습능력을 증진시킨다.

낱말 이해능력과 문장 만들기에 어려움이 있는 아동의 기초학습능력을 증진시킨다.

읽기 이해(comprehension)에 어려움이 있는 아동의 기초학습능력을 증진시킨다.

학습동기가 낮고, 자기주도학습이 어려운 아동에게 읽기 및 쓰기 전략을 제시한다.

■ 프로그램 진행과정

평가 결과를 토대로 1~4단계 중 아동의 수준에 맞는 프로그램을 선택하여 진행하며, 아동의 특성에 따라 각 단계는 중복되거나 건너뛰어 적용될 수 있다. 본 책에서는 대체적으로 많은 아동들이 속해 있는 2단계와 3단계를 중복 적용하여 총 20회기를 구성하였다.

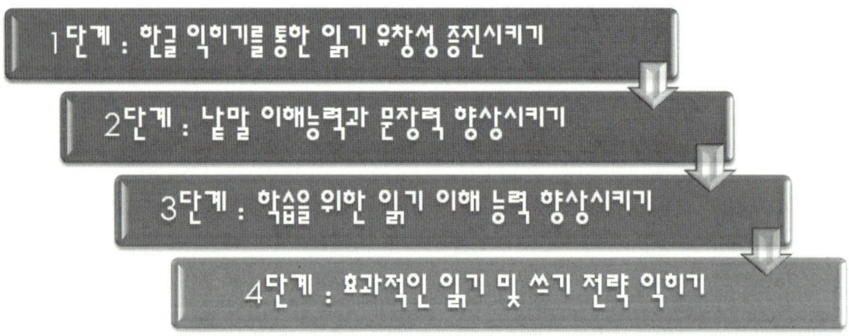

■ 기대효과

학습부진 아동(초등학교 1학년~중학교 2학년)에게 수준별 접근을 통하여 한글 인지, 낱말 이해, 문장력 향상, 독해 및 쓰기 전략 능력을 증진시킬 수 있다.

■ 유의사항 및 활용 팁

아동의 초기 읽기, 쓰기 능력 평가를 토대로 개인별 수준에 맞는 단계를 적용해야 한다.

본 프로그램은 개별 또는 집단 모두 적용 가능하며, 집단일 경우 수준별로 모둠을 나눠서 활용해야 효과를 높일 수 있다.

만약 집단 구성원이 정해졌더라도 평가를 통해 아동 개개인의 기초 수준을 파악한 후 난이도 조절 및 각기 다른 단계를 활용하여 적절하게 통합시켜 진행해야 한다.

각 단계별 프로그램 세부내용은 아동의 반응에 따라 확장시켜 활용하는 것이 가능하다.

본 프로그램은 총 20회기 구성으로 자체적인 휴강이나 방학과 같은 시기와 겹치지 않게 매주 실시되어야 효과를 높일 수 있다.

1회기 : 나에게 맞는 단계 찾기

1. 활동목표

- 본 프로그램이 아동들에게 어떤 도움을 줄 수 있는지 간단히 소개한다.
- 아동들의 현재 수준을 파악하기 위한 초기평가를 실시한다.

2. 준 비 물

기초학습기능 수행평가(Basic Academic Skills Assessment, BASA : 읽기, 쓰기) 검사지

3. 활동내용

① 검사는 검사자와 아동이 1:1로 이루어진다. 검사자는 우선 아동에게 본 검사에 대한 간단한 소개와 필요성을 친절하게 설명하여 아동들이 대충 검사를 실시하거나 막연한 거부감을 갖지 않게 한다.

② BASA(읽기/쓰기) 검사를 실시한다.

- 읽기검사자료는 두 가지로 첫번째, 읽기검사자료는 총 소요시간 3분으로 (1)토끼야 토끼야, 1-(2)분명히 내 동생인데, 1-(1)토끼야 토끼야 이 세 이야기를 각 1분씩 읽게한다. 두번째, 읽기검사자료는 빈칸채우기로 실시시간은 3분이다.
- 쓰기검사자료는 기초평가와 형성평가로 나뉘어진다. 기초평가는 1회 실시를 원칙으로 하되 아동의 검사수행태도에 근거하여 총 2회 실시해 더 높은 점수를 채택한다. 기초평가를 실시하여 아동의 기초선을 확인한 후, 형성평가를 통해 아동의 지속적인 성장을 점검 할 수

있는데, 형성평가는 11회기 중간점검때 실시하기로 한다. 검사시간은 총4분으로 1분은 준비, 3분은 작성시간이다.

〈평가 도구로 검사한 예〉

BASA(읽기)	BASA(쓰기)
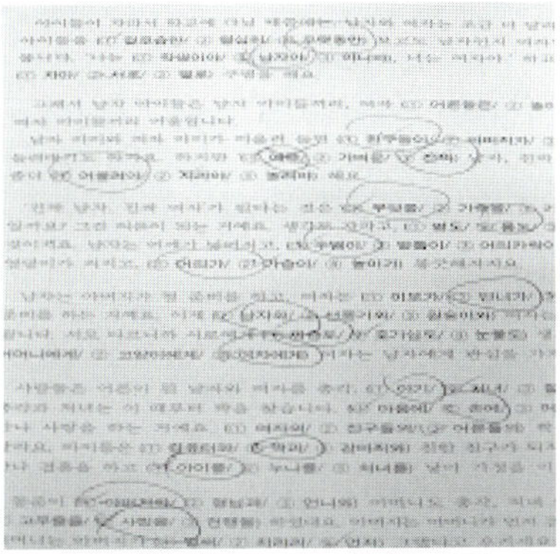	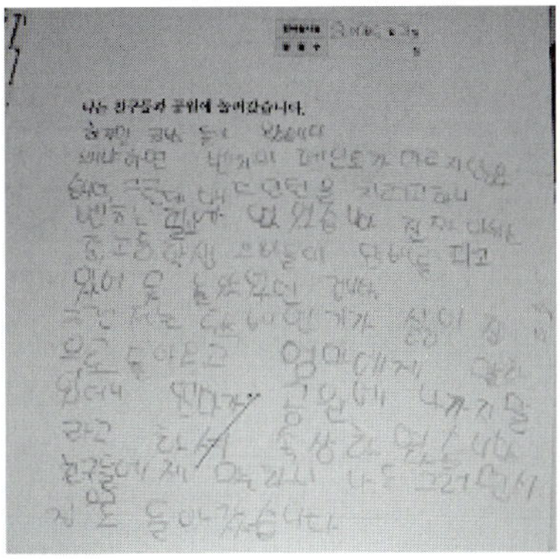
〈그림 1〉	〈그림 2〉

4. 기대효과

① 아동 개개인의 능력을 파악하여 수준에 맞는 단계별 프로그램을 적용할 수 있다.

② 아동 개개인의 적절한 학습목표를 수립할 수 있다.

5. 유의사항

① 검사는 일대일로 실시되기 때문에 참여하는 아동과 검사자의 수가 일치하는 것이 좋다.

② 검사는 약 10~15분 소요되나 개개인의 차이가 있음을 예상하여 시간을 충분히 잡는다.

2회기 : 나는 누구일까요?

1. 활동목표

수업내용과 진행방식을 소개한다.
자기소개를 통해 구성원들과 교사는 친교의 시간을 갖는다.
맛보기 학습을 진행한다.

2. 준 비 물

워크북, 필기도구, 보드판, 보드마커

3. 활동내용

① 자기소개

- 교사는 자기 소개를 한 후, 본 프로그램에서 진행되는 활동과 목표에 대해 설명한다.
- 아동들은 돌아가며 자신의 이름, 학년, 반을 소개하고, 본 프로그램에 참여하게 된 동기나 프로그램에 대한 자신의 생각을 이야기한다.

② 역할분담

- 수업시간 동안 자신의 역할을 선택하도록 한다.

【예】 책 가져오기, 보드판 준비하기, 교실 정리하기, 쓰레기 치우기 등

- 수업 상황 또는 조건에 따라 각 역할은 달라질 수 있다.

③ 보상

- 수업 참여율을 높이기 위해 출석, 수업 시 태도 등에 따른 보상이 어떤 방법과 형태로 이루어지는 것이 좋을지에 대해 서로 이야기한다.

④ 본보기 학습

- 워크북을 활용하여 앞으로 진행될 수업 내용에 대한 실제적인 문제 풀이를 실시한다.

4. 기대효과

① 교사와 아동들 사이에 라포르 형성이 가능하다.
② 역할분담을 통해 본 프로그램에 대한 아동들의 소속감과 책임감을 높일 수 있다.
③ 본보기 학습을 통해 아동의 반응을 관찰하여 다음 회기 수업 진도 및 양을 예상할 수 있다.

5. 유의사항

① 보상은 여러 가지 방법으로 활용 가능하며, 물질적인 보상이 어려우면 아동이 맡은 역할을 다음 회기에 제한하거나 숙제를 제하는 형태로도 활용 가능하다.
② 최대한 아동 모두의 의견을 수렴하여 적용하는 방법을 찾는다.
③ 아동의 반응에 따라 다음 회기 시 수업 난이도 조절을 하도록 한다.

3회기 : 여섯 가지 의문사 알기

1. 활동목표

여섯 가지 의문사를 이해할 수 있다.
여섯 가지 의문사를 이용하여 문장을 만들 수 있다.

2. 준 비 물

워크북, 필기도구, 보드판, 보드마커

3. 활동내용

1) 〈2단계 워크북〉 p.2~8

① 의문사의 종류에 대해 아동들이 알고 있는지 이야기해 본다.

② 여섯 가지 의문사를 이해한다.

- 누가, 언제, 어디서, 무엇을, 어떻게, 왜
- 보도문이나 기사문과 같이 사실을 정확히 전달할 때 지켜야 하는 여섯 가지 원칙이다.
- 좀 더 정확하고 자세하게 글을 쓸 수 있고, 읽는 사람들의 이해를 도울 수 있다.

③ 여섯 가지 의문사를 넣어 문장 만들기.

- 워크북을 이용하여 문제풀이를 실시한다.
- 작성한 후 각자가 만든 문장을 시계방향으로 돌아가며 발표한다.

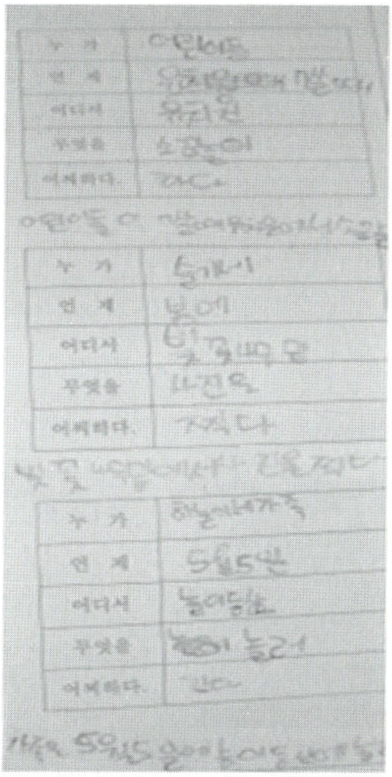

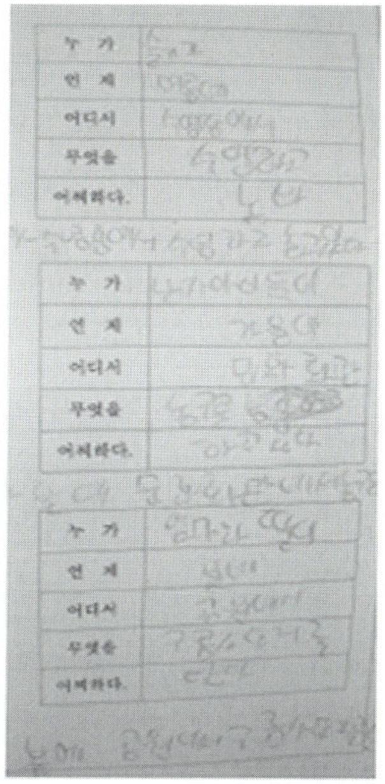

출처 : 최정원 · 이영호(2011).

④ 워크북 p.7에 여섯 가지 의문사를 넣어 오늘 하루 있었던 일을 문장으로 만든다. 친구들이 만든 문장에서 여섯 가지 의문사가 어떻게 쓰여졌는지 찾아본다.

4. 기대효과

① 문장이 구성되는 기본 원리를 이해하여 적절하게 문장을 구성할 수 있다.

② 아동 스스로 만든 문장을 발표함으로써 같은 그림 자료가 다양한 문장으로 표현될 수 있음을 깨달을 수 있다.

5. 유의사항

① 아동별로 여섯 가지 의문사를 정확히 이해했는지 확인한다.

② 여섯 가지 의문사를 찾는 과정은 문장을 읽고 찾는 방법과 듣기만으로 찾는 방법 두가지를 골고루 활용하여야 효과적이다.

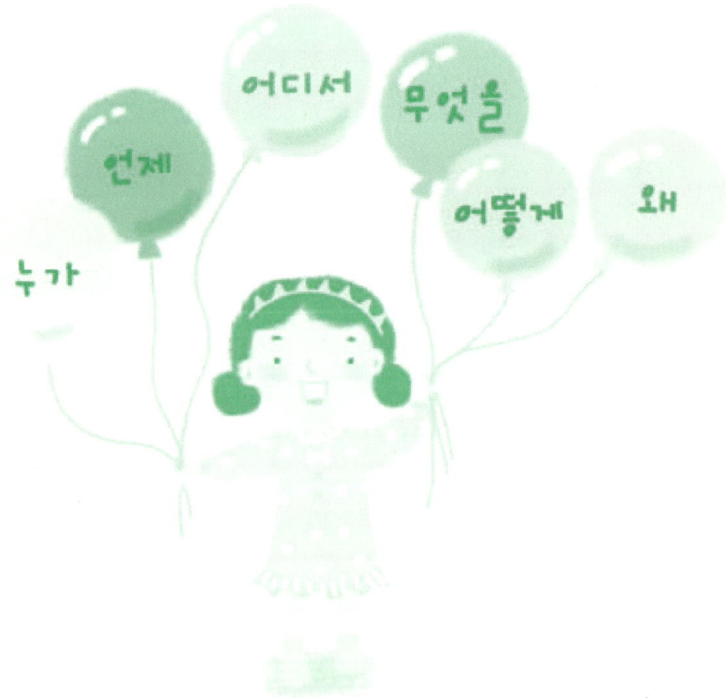

Memo

4회기 : 꾸미는 말 넣기

1. 활동목표

육하원칙을 이해하여 적절한 문장을 만들 수 있다.
다양한 문장 성분을 첨가하여 구문을 확장시킬 수 있다.

2. 준 비 물

워크북, 필기도구, 보드판, 보드마커

3. 활동내용

<2단계 워크북> p.2~8

① 여섯 가지 의문사를 넣어 기본 문장을 만든다.

- 아동은 여섯 가지 의문사가 들어간 문장 3가지를 적어본다. 이때 문장 안에 적어도 네 가지 이상의 의문사가 들어간 문장이 만들어지도록 돕는다.
- 집단일 경우 시계방향으로 돌아가며 보드판에 각자가 만든 문장을 쓰게 하고, 나머지 구성원은 그 문장에서 여섯 가지 의문사에 해당하는 어휘를 찾아본다.

② 다양한 문장 성분을 첨가하여 구문을 확장시킨다.

- 교사는 보드판에 쓰여진 아동들의 문장에 수식어를 넣어 구문을 확장시켜 본다.
- 아동들 스스로 다양한 수식어를 넣어 구문 확장을 시도한다.
  예)나는 아침 놀이터에서 미끄럼틀을 탔다.

=나는 어제 아침 학교 놀이터에서 미끄럼틀과 그네를 재미있게 탔다.

*어휘를 첨가, 수정, 삭제함에 따라 내용이 어떻게 달라지는지 느낌을 나눠본다.

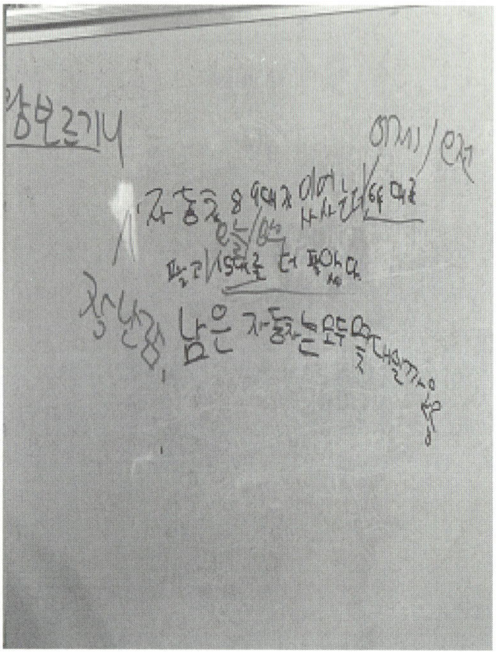

4. 기대효과

① 친구들이 만든 문장에 다양한 수식어를 넣어봄으로 재미를 더할 수 있다.

② 문장에서의 오류를 스스로 찾아볼 수 있는 기회가 주어져 자기주도 학습을 유도할 수 있다.

③ 자신의 생각을 전달할 때 뜻이 더욱 분명하게 전달되도록 도울 수 있다.

5. 유의사항

① 교사는 다양한 어휘가 나올 수 있도록 아동에게 단서를 제공한다.

② 수식어를 넣을 때 문장을 읽고 넣는 방법과 친구들의 이야기를 듣고 넣는 방법 두 가지를 골고루 활용하여야 효과적이다.

Memo

5회기 : 연결하는 말

1. 활동목표

접속사를 정확하게 이해하여 적절하게 사용할 수 있다.

2. 준 비 물

워크북, 필기도구, 보드판, 보드마커

3. 활동내용

<2단계 워크북> p.12~14

① 연결하는 말의 의미와 사용법에 대해 설명한다.

- 연결하는 말 : 그리고, 그래서, 그러나 때문에 워크북 문제풀이를 통해 적절하게 이해하고 있는지 확인한다.
- 이해에 어려움을 보이는 경우 워크북에 제시된 문장 외의 다양한 문장의 예를 보여주며 이해를 돕는다.

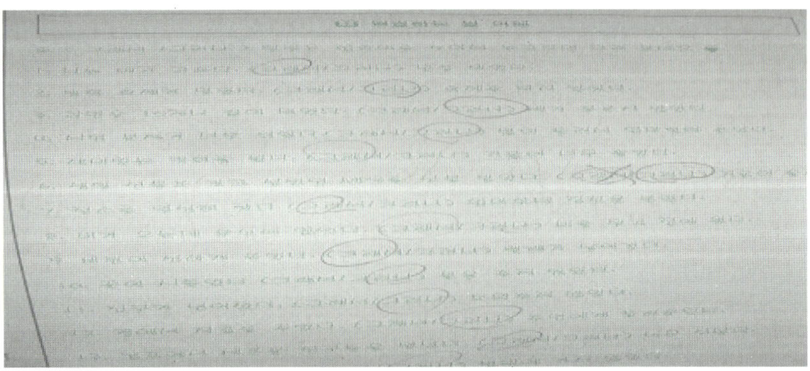

② 문장 합치기, 나누기

- '연결하는 말'을 이용하여 두 문장을 한 문장으로 합치거나 한 문장을 두 문장으로 나누는 훈련을 한다.
- 집단일 경우 시계방향으로 돌아가며, 연결하는 말을 바꿔 새로운 내용을 만들어본다.

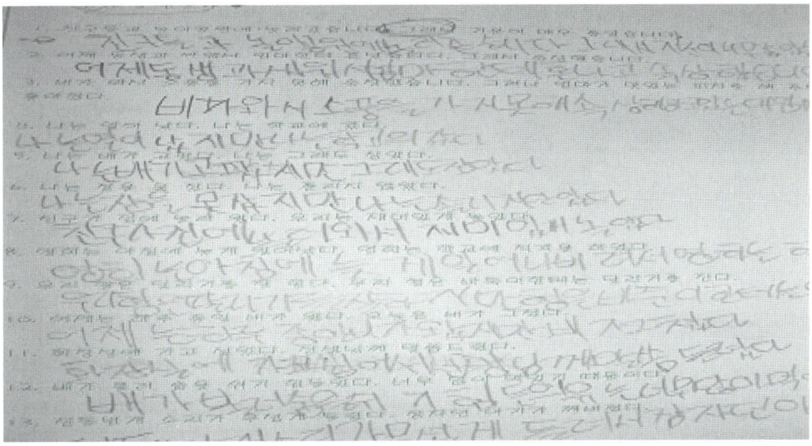

4. 기대효과

① 문장을 확장하는 능력을 승진시키고 올바른 문장을 생성하는 데 도움을 줄 수 있다.

② 자신의 생각을 논리적이고 체계적으로 조직하는 능력을 기를 수 있다.

③ 아동들이 직접 새로운 내용을 만드는 활동을 통해 아동 스스로 이해 여부를 확인할 수 있다.

5. 유의사항

① 접속어는 아동의 이해여부에 따라 다양하게(그런데, 하지만, 또, 더구나, 따라서 등) 늘려 이해를 도울 수 있다.

Memo

6회기 : 시제 이해하기

1. 활동목표

시제를 정확하게 이해하여 적절하게 사용할 수 있다.

2. 준 비 물

워크북, 필기도구, 보드판, 보드마커

3. 활동내용

<워크북 1> p.15

① 교사는 '과거, 현재, 미래'를 나타내는 시제 선어말어미 변형에 대해 설명한다.

- 현재시제: -는/은/ㄴ- = 먹는다.
- 과거시제: -었/-었었-/, -던/-은, = 먹었다/갔었다/먹었던/읽은
- 미래시제: -겠/-(으)ㄹ/-을 것 = 가겠다/학교 갈/학교 갈 것이다.

② 시간의 흐름을 나타낼 수 있는 부사적 표현을 찾아본다.

- 현재시제 : 지금, 현재, 요즈음
- 과거시제: 전, 이전에, 아까전에, 지난번에
- 미래시제: 후, 나중에, 이따가, 다음에

③ 문제풀이를 통해 아동이 개별적으로 정확하게 이해했는지 확인한다.

- 시간을 나타내는 부사적 표현을 찾아 워크북에 문장을 만든다.
- 시간의 흐름을 연결하는 두세 가지 그림컷을 이용하여 이야기를 만든다.

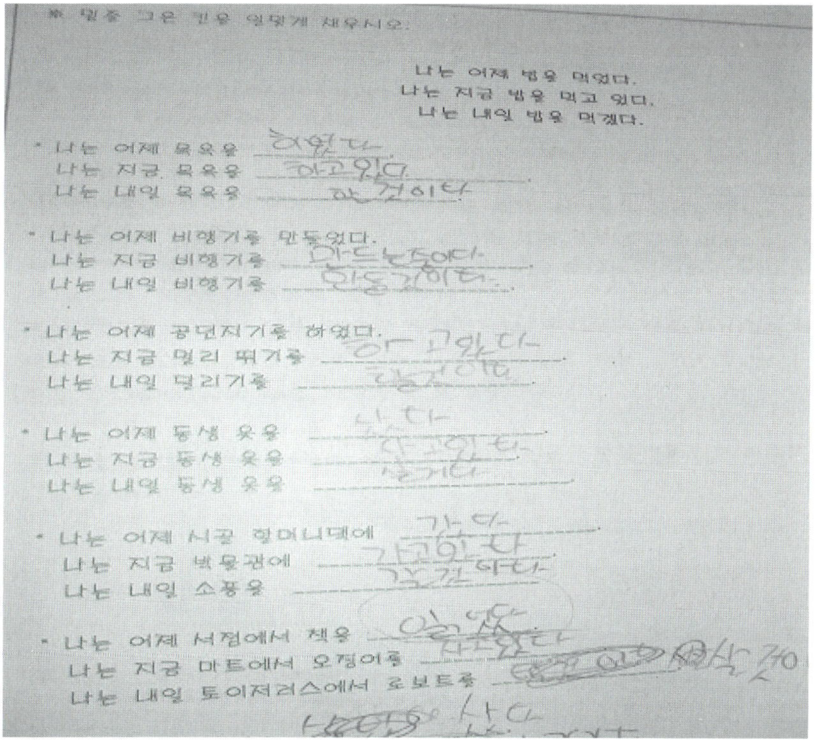

※ 밑줄 그은 곳을 알맞게 채우시오.

나는 어제 밥을 먹었다.
나는 지금 밥을 먹고 있다.
나는 내일 밥을 먹겠다.

• 나는 어제 목욕을 ______
나는 지금 목욕을 ______.
나는 내일 목욕을 ______

• 나는 어제 비행기를 만들었다.
나는 지금 비행기를 ______.
나는 내일 비행기를 ______

• 나는 어제 공던지기를 하였다.
나는 지금 멀리 뛰기를 ______.
나는 내일 달리기를 ______

• 나는 어제 동생 옷을 ______.
나는 지금 동생 옷을 ______
나는 내일 동생 옷을 ______

• 나는 어제 시골 할머니댁에 ______
나는 지금 박물관에 ______
나는 내일 소풍을 ______

• 나는 어제 서점에서 책을 ______
나는 지금 마트에서 오징어를 ______
나는 내일 토이저러스에서 로보트를 ______

4. 기대효과

① 시간과 관련된 어휘를 익히고, 정확한 문법 지식 습득을 통해 일상생활에서 올바른 언어생활을 하도록 도와줄 수 있다.

② 글쓰기에서 시제 오류를 줄일 수 있다.

5. 유의사항

① 시제를 설명할 경우 문법적 접근이 아닌 일상적인 구어표현을 예로 제시하여 이해를 돕는다.

② 본 회기는 말하기로 시제이해 여부를 확인해서는 안 되며, 꼭 짧은 일기쓰기를 통해 적절하게 시제활용이 가능했는지 확인해야 한다.

Memo

7회기 : 비슷한말, 반대말 찾기

1. 활동목표

비슷한말 반대말로 쓰일 수 있는 다양한 어휘를 찾아본다.
비슷한말과 반대말을 문장에서 다양하게 활용해본다.

2. 준 비 물

워크북, 필기도구, 보드판, 보드마커

3. 활동내용

<2단계 워크북> p.9~11

① 비슷한말과 반대말의 정확한 뜻을 이해하고 있는지 확인한다.

- 워크북 문제풀이를 실시한다.
- 워크북에 제시된 비슷한말과 반대말을 이용하여 각 세 문장씩 만든다.
- 집단일 경우 시계방향으로 돌아가며 각자가 만든 문장을 보드판에 적어본다.
- 친구들이 만든 다양한 문장을 통해 비슷한말과 반대말의 활용을 이해한다.
- 친구들이 만든 다양한 문장들 중 잘못된 문장이 있는지 확인하고 아동 스스로가 수정하는 기회도 가져본다.

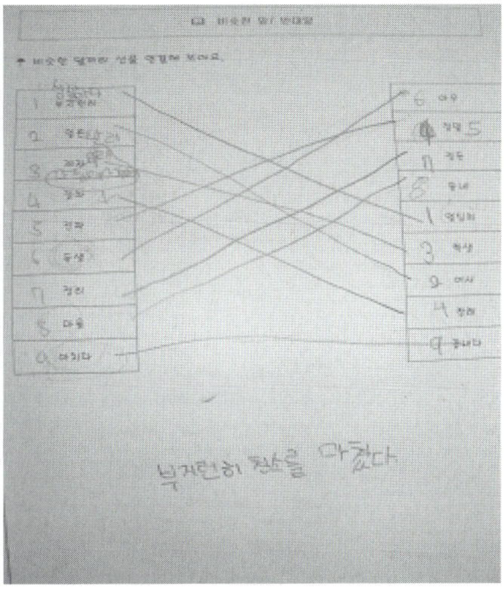

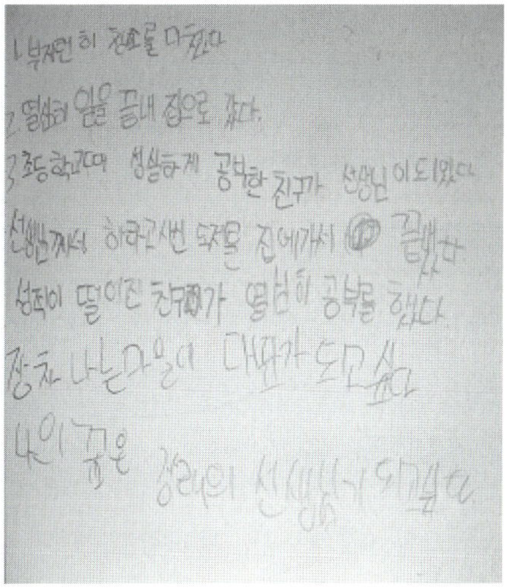

4. 기대효과

① 비슷한말과 반대말 어휘를 직접 문장으로 만들어본 어휘일 경우 더 오랫동안 기억 할 수 있다.

② 비슷한말과 반대발을 이용한 어휘교육을 동해 문맥 내에서 어휘를 더 잘 활용할 수 있다.

5. 유의사항

① 교사는 아동의 이해여부에 따라 명사뿐 아니라 형용사, 부사, 접속사까지 어휘영역을 확장할 수 있다.

② 잘못된 문장을 수정할 때 먼저 아동 스스로 잘못된 점을 찾고 수정할 수 있도록 한다.

8회기 : 릴레이 글짓기

1. 활동목표

아동들이 주제를 유지하면서 릴레이 글짓기를 할 수 있다.

2. 준 비 물

워크북, 필기도구, 보드판, 보드마커

3. 활동내용

① 교사가 서두를 제시하면 아동이 그 뒤에 이어질 내용을 돌아가면서 만든다.

② 일관성 있는 내용을 유지하기 위해 교사가 중간 개입을 할 수 있다.

③ 교사는 아동이 이야기하는 내용을 보드판에 적어, 아동 스스로가 이야기의 흐름에 맞지 않는 내용은 수정해가며 이야기를 만들 수 있도록 돕는다.

④ 만들어진 이야기에 다양한 문장 성분을 첨가하여 이야기의 완성도를 높인다.

⑤ 집단일 경우 시계방향 또는 자원하는 순서대로 한 문장씩 이야기를 만들어 본다.

⑥ 아동 스스로 다양한 주제를 찾아 이야기 릴레이를 시도해본다.

⑦ 주제에서 벗어난 내용은 아동 스스로 찾아 수정하도록 유도한다.

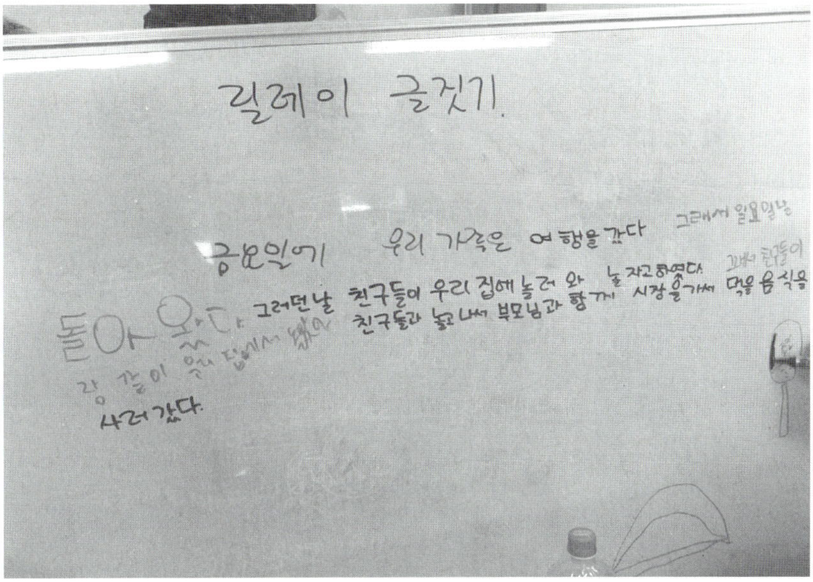

4. 기대효과

① 글짓기 시 일관된 주제를 유지할 수 있는 능력을 키워줄 수 있다.

② 다른 사람의 글 내용에 맞춰 이야기를 연결해가면서 글짓기의 창의력 및 순발력을 높일 수 있다.

5. 유의사항

① 모든 과정은 보드판에 적어서 자신들이 만들어낸 이야기의 내용을 확인할 수 있도록 한다.

② 쉬운 주제를 선택해서 이야기의 흐름이 끊기지 않도록 한다.

③ 릴레이 순서는 규칙적으로 하거나 임의로 바꿀 수 있다.

릴레이 글짓기 시작~!
아침을 맛있게 먹었어.
먹고 나서 양치질을 했어.

Memo

9회기 : 문장제 수학 문제를 풀어보자 1

1. 활동목표

문장제 수학 문제를 이해할 수 있다.

문장제 연산 문제를 적절하게 풀 수 있다.

2. 준 비 물

워크북, 필기도구, 보드판, 보드마커

3. 활동내용

<2단계 워크북> p.19~21

① 문장제 문제를 이해한다.

- 워크북에 있는 문장제 문제를 제시하여 문장제 문제의 이해를 돕는다.
- 교사와 함께 다양한 문장제 예시 문제를 풀어본다.
- 문장제 문제에서 '+/-' 기호의 의미를 가진 문맥이나 어휘를 찾아본다.

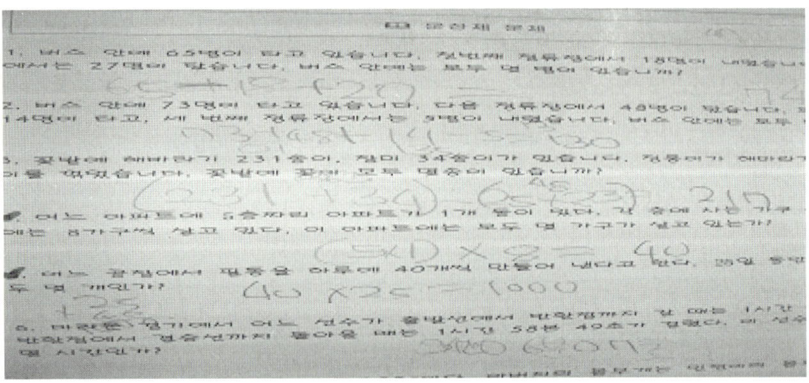

4. 기대효과

① 문장제 문제를 풀어봄으로써 문제이해력과 문제해결력을 동시에 향상시킬 수 있다.

② 수학적 사고능력의 증진은 실생활에서 합리적 문제해결능력을 향상시킬 수 있다.

5. 유의사항

① 학생 개별로 문장제 문제에 대한 이해가 있는지 먼저 확인해야 한다.

② 학습 능력에 따른 난이도 조절을 해야 한다.

10회기 : 문장제 수학 문제를 풀어보자 2

1. 활동목표

문장제 연산 문제를 만들 수 있다.

연산문제를 문장제 문제로 적절하게 바꿀 수 있다.

2. 준 비 물

워크북, 필기도구, 보드판, 보드마커

3. 활동내용

<워크북 1> p.19~21

① 문장제 문제를 이해한다.

- 다양한 문장제 문제를 제시하여 문장제 문제에 대해 설명한다.
- 교사와 함께 다양한 문장제 예시 문제를 풀어본다.
- 문장제 문제에서 '+/-' 기호의 의미를 가진 문맥이나 어휘를 찾아 본다.

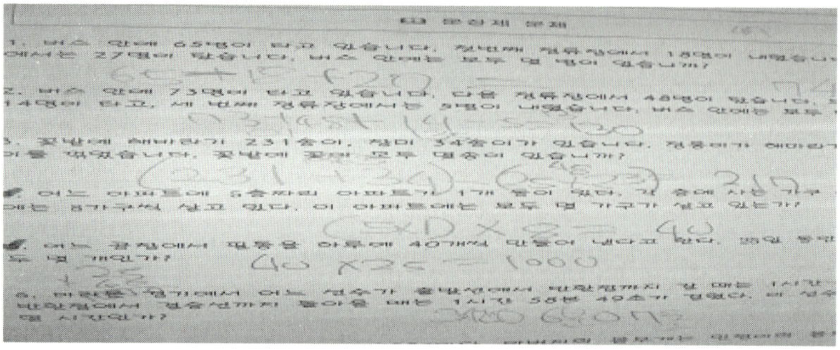

② 연산 문제를 문장제 문제로 바꾼다.

- 연산 문제를 문장제 문제로 직접 바꿔 만들어 본다.
- 집단의 경우 각자가 만든 문장제 문제를 서로 바꿔 풀어보고 틀린 것은 서로 수정해준다.
- 완성된 문장제 문장에 다양한 문장성분을 첨가하여 구문을 확장시켜 본다.

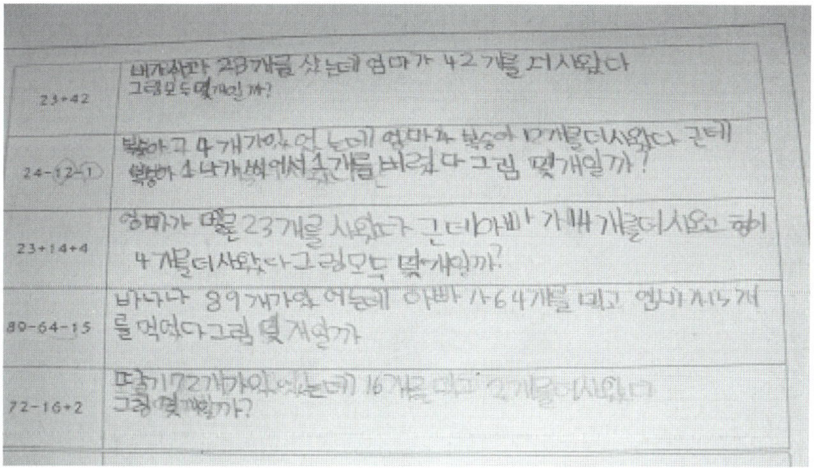

4. 기대효과

① 문장제 문제를 만드는 과정을 통해 문제이해력과 문제해결력을 동시에 향상시킬 수 있다.

② 수학적 사고능력의 증진은 실생활에서 합리적 문제해결능력을 향상시킬 수 있다.

5. 유의사항

① 연산문제를 문장제 문제로 만들때에 문장 패턴이 똑같지 않도록 교사의 지도가 필요하다.

② 학습 능력에 따른 난이도 조절을 해야 한다.

Memo

11회기 : 중간점검 하고가기

1. 활동목표

1단계의 2~19회기 동안 실시한 학습내용을 총정리한다.
형성평가(BASA : 쓰기)를 실시한다.

2. 준 비 물

- 워크북, 필기도구, 보드판, 보드마커
- 기초학습기능 수행평가(Basic Academic Skills Assessment, BASA) 쓰기 검사지

3. 활동내용

1) 수업내용 총정리(워크북을 참고하여 2~10회기에 실시된 내용 요약 및 총정리를 실시한다)

① 여섯 가지 의문사를 이해하여 문장을 만든다.
② 연결하는 말을 찾아 다양한 문장형태로 변형을 시도한다.
③ 글 속에서 시제오류를 찾아낸다.
④ 문장제 문제를 이해하고 만든다.
⑤ 비슷한말 반대말로 쓰일 수 있는 다양한 단어를 찾아본다.

2) 형성평가

생각하기 1분, 글쓰기 3분을 실시한다.

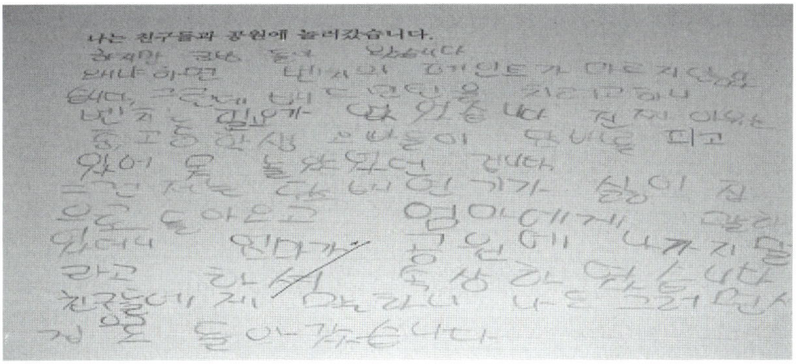
나는 친구들과 공원에 놀러갔습니다.

4. 기대효과

① 아동 개별적으로 부족한 부분을 보충할 수 있는 기회를 가질 수 있다.

② 형성평가를 통해 초기평가와 비교함으로써 아동의 현재 수준을 파악할 수 있다.

5. 유의사항

① 총정리 시간은 아동의 수업 참여도에 따라 달라질 수 있으므로 시간을 여유 있게 잡는다.

② 2~19회기까지 수업목표 중 학생들이 어려워했던 목표에 집중해서 진행하는 것도 좋다.

③ 형성평가는 일대일로 진행하지 않아도 가능하니, 집단일 경우 아동들이 옆 친구 것을 보고 베끼는 경우가 없도록 감독하여야 한다.

12회기 : 글 속에서 어휘의 의미 찾기

1. 활동목표

- 글 속에서 문맥에 따라 달라지는 어휘의 의미를 이해하고 표현할 수 있다.
- 동음이의어와 이음동의어 어휘를 이해할 수 있다.

2. 준 비 물

워크북, 필기도구, 보드판, 보드마커

3. 활동내용

<3단계 워크북> p.13~14

① 글을 읽고 문맥에 따른 적절한 어휘의 의미를 연결한다.

- 15분 동안 문제풀이를 한다.
- 주어진 글을 읽고 문맥 내에서 다른 의미로 사용된 어휘를 이해한다.
- 각자 어휘를 선택하여 그 의미에 맞게 새로운 문장을 만든다.
- 서로가 만든 문장을 통해 각 어휘가 가진 의미의 다양성을 이해한다.
- 오류 문장은 서로 이야기하며 수정하도록 한다.

② 앞뒤 문맥을 살펴 어휘의 의미를 보기에서 찾아 써 넣는다.

- 주어진 글을 읽고 앞뒤 문맥을 이해하여 어휘의 의미를 찾는다.
- 각자 어휘를 선택하여 의미에 맞게 새로운 문장을 만든다.
- 서로가 만든 문장을 통해 의미의 다양성을 이해하고 서로의 생각을 이야기한다.

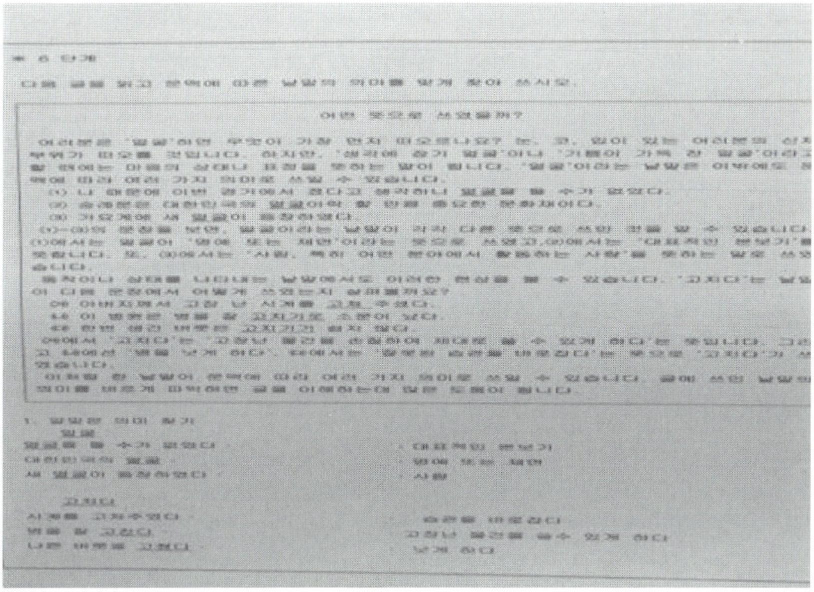

출처 : 최정원 · 이영호(2011).

4. 기대효과

① 어휘의 정교한 사용 과정을 배움으로써 사고의 폭을 넓고 깊게 할 수 있다.

② 어휘의 다양한 의미를 이해함으로써 아동의 어휘력과 독해력을 향상시킬 수 있다.

5. 유의사항

① 워크북 이외의 자료를 추가적으로 활용하여 본 회기의 목표이해를 돕는다.

'새로운 얼굴이 나타났다.'
여기서 얼굴의 뜻은?
사람!

Memo

13회기 : 어휘 유추놀이 1

1. 활동목표

- 문장 전체의 의미를 이해하여 공통적으로 들어갈 어휘를 찾을 수 있다.
- 찾은 어휘를 이용하여 새로운 문장 만들기.

2. 준 비 물

워크북, 필기도구, 보드판, 보드마커

3. 활동내용

<3단계 워크북> p.2~6

① 교사와 아동이 예시 문장을 읽고 공통적으로 들어갈 어휘를 찾는다.

- 15분간 문제풀이 할 시간을 준다.

② 교사와 아동이 함께 답을 찾는다.

- 한 문제(1문제당 4~5문장)를 중심으로 아동이 돌아가며 한 문장씩 각자가 넣은 '어휘=답'을 말한다.
- 아동이 공통적으로 적절한 답을 찾은 경우 다음 문제로 넘어간다.
- 아동이 각기 다른 답을 찾을 경우 문장에 답을 대입시켜 오류를 찾는다.
- 아동이 전혀 답을 찾지 못하는 경우 교사는 어휘의 음절 수, 음소, 다른 예시 문장을 만들어 단서를 제시한다.

【예】 '2글자' 또는 'ㅇㄹ, ㅇㅅ', "내 ○은 김민수이다." 등

③ 찾은 어휘를 이용하여 새로운 문장을 만든다.

- 각 어휘가 문장 안의 '○'에 위치했을 때, 문맥을 통해 어휘의 의미가 유추될 수 있는 문장을 만든다.
- 교사는 아동의 생각을 보드판에 적는다.
- 구성원의 수만큼 다양한 문장이 만들어지게 한다.
- 문장오류가 있는 경우 함께 의논하여 수정한다.

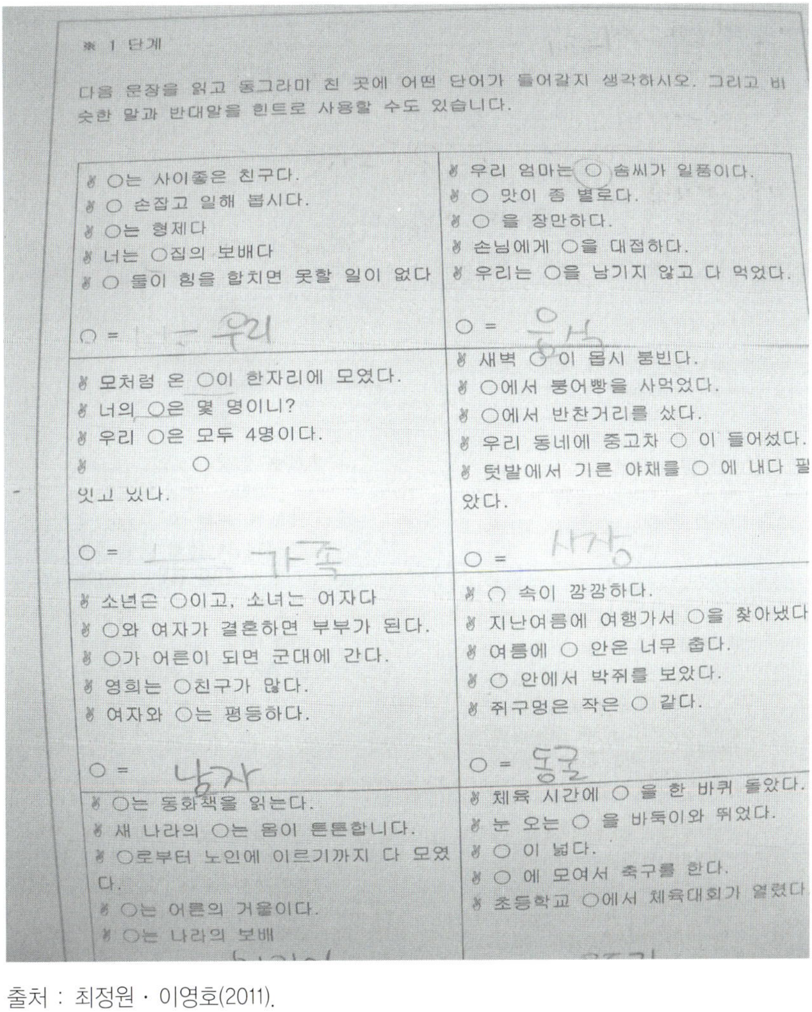

※ 1 단계

다음 문장을 읽고 동그라미 친 곳에 어떤 단어가 들어갈지 생각하시오. 그리고 비슷한 말과 반대말을 힌트로 사용할 수도 있습니다.

○는 사이좋은 친구다. ○ 손잡고 일해 봅시다. ○는 형제다 너는 ○집의 보배다 ○ 둘이 힘을 합치면 못할 일이 없다 ○ = 우리	우리 엄마는 ○ 솜씨가 일품이다. ○ 맛이 좀 별로다. ○ 을 장만하다. 손님에게 ○을 대접하다. 우리는 ○을 남기지 않고 다 먹었다. ○ = 음식
모처럼 온 ○이 한자리에 모였다. 너의 ○은 몇 명이니? 우리 ○은 모두 4명이다. ○ 웃고 있다. ○ = 가족	새벽 ○이 몹시 붐빈다. ○에서 붕어빵을 사먹었다. ○에서 반찬거리를 샀다. 우리 동네에 중고차 ○ 이 들어섰다. 텃밭에서 기른 야채를 ○ 에 내다 팔았다. ○ = 시장
소년은 ○이고, 소녀는 여자다 ○와 여자가 결혼하면 부부가 된다. ○가 어른이 되면 군대에 간다. 영희는 ○친구가 많다. 여자와 ○는 평등하다. ○ = 남자	○ 속이 깜깜하다. 지난여름에 여행가서 ○을 찾아냈다 여름에 ○ 안은 너무 춥다. ○ 안에서 박쥐를 보았다. 쥐구멍은 작은 ○ 같다. ○ = 동굴
○는 동화책을 읽는다. 새 나라의 ○는 몸이 튼튼합니다. ○로부터 노인에 이르기까지 다 모였다. ○는 어른의 거울이다. ○는 나라의 보배	체육 시간에 ○ 을 한 바퀴 돌았다. 눈 오는 ○ 을 바둑이와 뛰었다. ○ 이 넓다. ○ 에 모여서 축구를 한다. 초등학교 ○에서 체육대회가 열렸다.

출처 : 최정원 · 이영호(2011).

4. 기대효과

① 문맥을 통한 어휘 학습은 어휘의 정확한 쓰임새와 용법을 학습하는 데 도움을 줄 수 있다.

② 풍부한 어휘력은 일상생활에서 의사소통능력 향상에 영향을 줄 수 있다.

5. 유의사항

① 아동의 즉각적인 반응을 보드판에 빠짐없이 적어 아동들의 다양한 생각을 반영할 수 있게 돕는다.

② 반대말과 비슷한말을 힌트로 활용할 수 있다.

③ 정답 어휘를 중심으로 반대말과 비슷한말을 찾도록 한다.

ㄴ ㄹ
나라

14회기 : 어휘 유추놀이 2

1. 활동목표

- 문장 전체의 의미를 이해하여 공통적으로 들어갈 어휘를 찾을 수 있다.
- 찾은 어휘를 중심으로 비슷한말, 반대말을 찾아 다양한 어휘를 경험 할 수 있다
- 찾은 어휘를 이용하여 새로운 문장 만들기.

2. 준 비 물

워크북, 필기도구, 보드판, 보드마커

3. 활동내용

<워크북 2(4단계)> p.9~12

① 동그라미 안에 공통적으로 들어갈 어휘를 찾는다.

- 문제풀이를 15분 동안 한다.

② 교사와 아동이 함께 답을 찾는다.

- 한 문제(1문제당 4~5문장)를 중심으로 아동이 돌아가며 어휘를 넣어 한 문장씩 말한다.
- 아동이 전혀 답을 찾지 못하는 경우 교사는 어휘의 음절수, 음소, 다른 예시 문장을 만들어 단서를 제시한다.

[예] '2글자' 또는 'ㅇㅎ', "너는 나에게 여러번 설명을 했지만 00할 수 없었다." 등

③ 찾은 어휘를 이용하여 새로운 문장을 만든다.

- 각 어휘가 문장 안의 '○'에 위치했을 때, 문맥을 통해 어휘의 의미

가 유추될 수 있는 문장을 만든다.

- 교사는 아동의 생각을 보드판에 적고 문장 오류를 함께 수정한다.

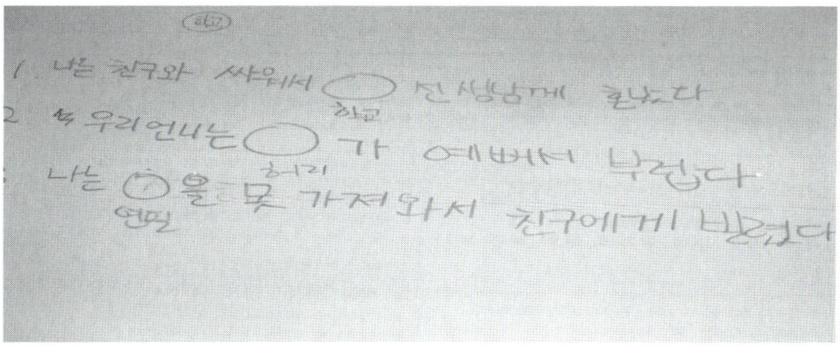

④ 아동 스스로 어휘유추문제 만들어 보기

- 집단일 경우 각자 워크북에 공통으로 들어갈 빈칸 넣기 문제를 만든다.
- 시계방향으로 워크북을 돌려 다른 친구들이 낸 문제풀이를 해본다.
- 문제에 오류가 있거나, 풀지 못한 경우 다 함께 풀이를 시도한다.

4. 기대효과

① 아동 스스로 어휘를 찾고 바꾸는 활동을 통해 성취감을 맛볼 수 있으며 학습동기를 고취시킬 수 있다.

② 놀이를 통해 양적인 어휘 신장 및 질적인 어휘 신장에 도움을 줄 수 있다.

③ 직접문제를 만드는 활동을 통해 집중력을 향상시킬 수 있고 더 확실한 이해를 도울 수 있다.

5. 유의사항

① 아동의 즉각적인 반응을 보드판에 적어서 아동들의 다양한 생각을 반영할 수 있게 한다.

② 반대말과 비슷한말을 힌트로 활용한다.

③ 정답 어휘를 중심으로 반대말과 비슷한말을 찾도록 한다.

Memo

15회기 : 짧은 글 읽고 이해하기

1. 활동목표

- 글의 내용을 이해하여 요약하고 주제를 찾을 수 있다.
- 글을 읽고 사실적 질문에 답할 수 있다.

2. 준 비 물

워크북, 필기도구, 보드판, 보드마커

3. 활동내용

<3단계 워크북> p.19~22

① 제시된 짧은 글을 읽고, 글의 내용을 이해한다.

② 빈칸 채우기, 질문에 답하기를 통해 사실적 질문에 대한 답을 찾는다.

③ 내용을 짧게 요약하여 워크북 빈칸에 적어본다.

④ 글의 내용을 보고 제목을 지어본다.

⑤ 글을 읽고 질문을 두세 개씩 만든다.

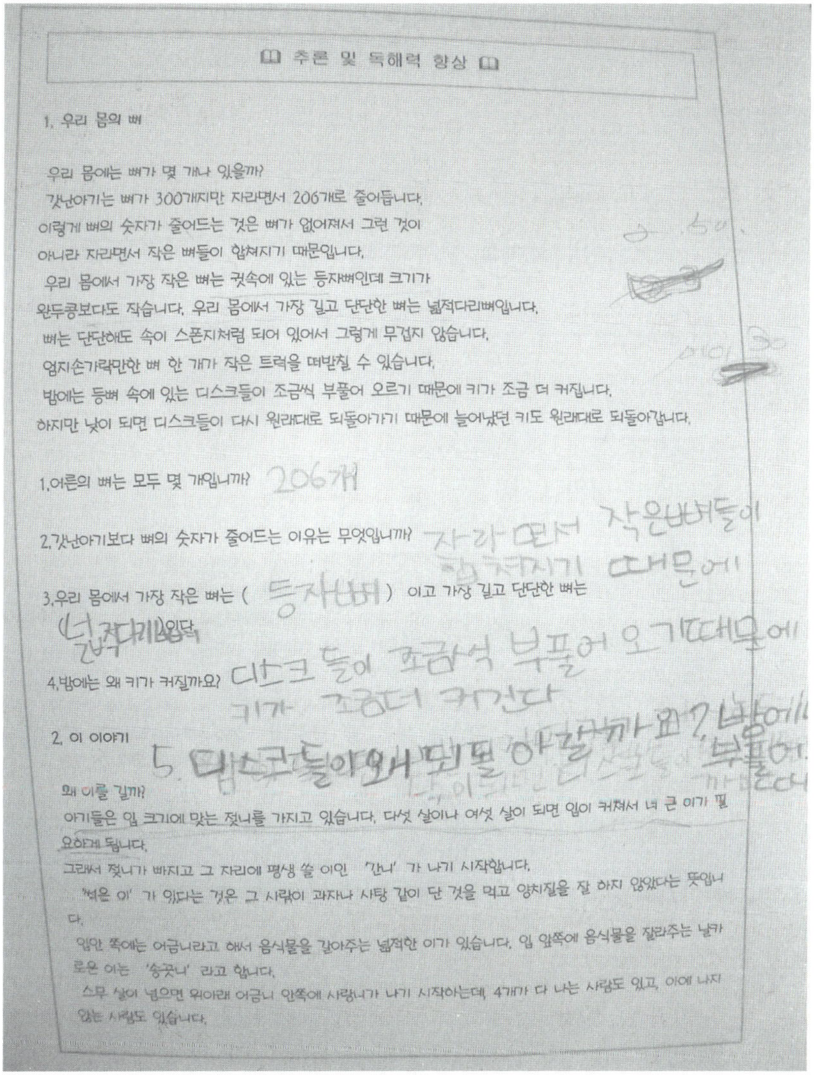

추론 및 독해력 향상

1. 우리 몸의 뼈

우리 몸에는 뼈가 몇 개나 있을까?
갓난아기는 뼈가 300개지만 자라면서 206개로 줄어듭니다.
이렇게 뼈의 숫자가 줄어드는 것은 뼈가 없어져서 그런 것이 아니라 자라면서 작은 뼈들이 합쳐지기 때문입니다.
우리 몸에서 가장 작은 뼈는 귓속에 있는 등자뼈인데 크기가 완두콩보다도 작습니다. 우리 몸에서 가장 길고 단단한 뼈는 넓적다리뼈입니다.
뼈는 단단해도 속이 스폰지처럼 되어 있어서 그렇게 무겁지 않습니다.
엄지손가락만한 뼈 한 개가 작은 트럭을 떠받칠 수 있습니다.
밤에는 등뼈 속에 있는 디스크들이 조금씩 부풀어 오르기 때문에 키가 조금 더 커집니다.
하지만 낮이 되면 디스크들이 다시 원래대로 되돌아가기 때문에 늘어났던 키도 원래대로 되돌아갑니다.

1. 어른의 뼈는 모두 몇 개입니까? 206개

2. 갓난아기보다 뼈의 숫자가 줄어드는 이유는 무엇입니까? 자라면서 작은뼈들이 합쳐지기 때문에

3. 우리 몸에서 가장 작은 뼈는 (등자뼈) 이고 가장 길고 단단한 뼈는 (넓적다리뼈)입니다.

4. 밤에는 왜 키가 커질까요? 디스크들이 조금씩 부풀어 오기때문에 키가 조금더 커진다

2. 이 이야기

왜 이를 갈까?
아기들은 입 크기에 맞는 젖니를 가지고 있습니다. 다섯 살이나 여섯 살이 되면 입이 커져서 더 큰 이가 필요하게 됩니다.
그래서 젖니가 빠지고 그 자리에 평생 쓸 이인 '간니' 가 나기 시작합니다.
'썩은 이' 가 있다는 것은 그 사람이 과자나 사탕 같이 단 것을 먹고 양치질을 잘 하지 않았다는 뜻입니다.
입안 쪽에는 어금니라고 해서 음식물을 갈아주는 넓적한 이가 있습니다. 입 앞쪽에 음식물을 잘라주는 날카로운 이는 '송곳니' 라고 합니다.
스무 살이 넘으면 위아래 어금니 안쪽에 사랑니가 나기 시작하는데, 4개가 다 나는 사람도 있고, 아예 나지 않는 사람도 있습니다.

4. 기대효과

① 글을 읽고 질문에 답함으로써 주제와 소재를 적절하게 이해할 수 있는 능력이 향상될 수 있다.

② 설명문의 구조에 대해 적절하게 이해할 수 있다.

5. 유의사항

① 지문을 보면서 아동 스스로 새로운 문제를 만들어보도록 한다.

② 설명문과 논설문의 차이를 추가적으로 설명하여 이해를 도울 수 있다.

Memo

16회기 : 추론하기 1

1. 활동목표

- 글의 문맥을 통해 어휘를 유추할 수 있다.
- 질문 만들기를 통해 능동적으로 글을 이해할 수 있다.

2. 준 비 물

워크북, 필기도구, 보드판, 보드마커

3. 활동내용

<3단계 워크북> p.15~18

① 글을 읽고 빈칸에 들어갈 적절한 어휘를 찾는다.

교사는 아동과 함께 첫 단락 빈칸에 들어갈 적절한 어휘를 찾는다.

- 교사는 문장들 간, 단락들 간 관계를 이해하여 빈칸에 들어갈 어휘를 유추하도록 돕는다.
- 빈칸에 들어간 어휘와 바꿔서 들어갈 수 있는 어휘가 있는지 찾아본다.
- 나머지 문제는 아동 스스로 풀게 한 후, 교사와 함께 빈칸을 채워본다.

② 글을 읽고 질문을 만든다.

- 각자 세 문제 이상 만들고 발표한다.
- 문제를 많이 만들 경우 다음회기 과제나 당번을 제하는 보상을 주는 것도 좋다.

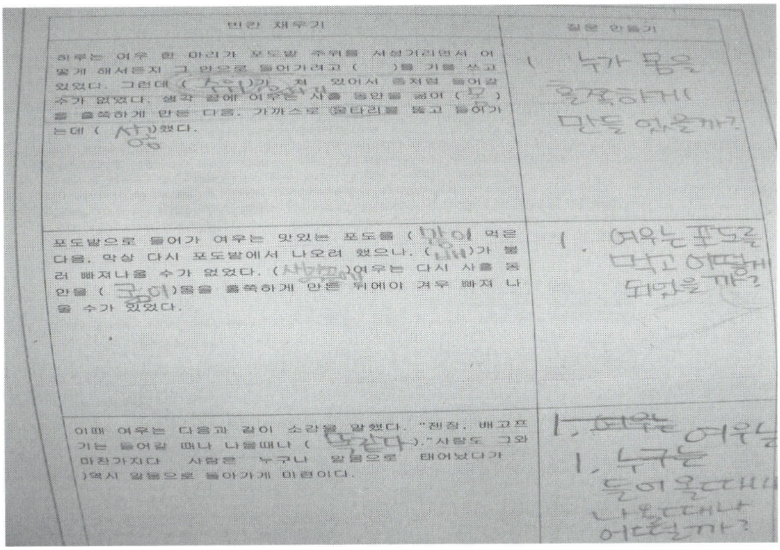

빈칸 채우기	질문 만들기
하루는 여우 한 마리가 포도밭 주위를 서성거리면서 어떻게 해서든지 그 안으로 들어가려고 ( )를 기를 쓰고 있었다. 그런데 (울타리)가 쳐 있어서 좀처럼 들어갈 수가 없었다. 생각 끝에 여우는 사흘 동안을 굶어 (몸)을 홀쭉하게 만든 다음, 가까스로 울타리를 뚫고 들어가는데 (성공)했다.	1. 누가 몸을 홀쭉하게 만들었을까?
포도밭으로 들어가 여우는 맛있는 포도를 (많이) 먹은 다음, 막상 다시 포도밭에서 나오려 했으나, (배)가 불러 빠져나올 수가 없었다. (생각끝에)여우는 다시 사흘 동안을 (굶어)몸을 홀쭉하게 만든 뒤에야 겨우 빠져 나올 수가 있었다.	1. 여우는 포도를 먹고 어떻게 되었을까?
이때 여우는 다음과 같이 소감을 말했다. "젠장, 배고프기는 들어갈 때나 나올때나 (똑같다)." 사람도 그와 마찬가지다 사람은 누구나 알몸으로 태어났다가 ( )역시 알몸으로 돌아가게 마련이다.	1. 누구는 들어올때나 나올때나 어떨까?

출처 : 최정원 · 이영호(2011).

4. 기대효과

① 추론하기 활동을 통해 읽기 과제의 문장들 간, 단락들 간의 관계를 이해하는 데 도움을 줄 수 있다.

② 글의 정보와 아동의 지식 또는 경험을 통합할 수 있는 능력을 향상시킬 수 있다.

5. 유의사항

① 글을 충분히 이해하고 질문을 만들 수 있도록 질문만들기 시간을 넉넉히 준다.

17회기 : 추론하기 2

1. 활동목표

- 글의 문맥을 통해 어휘를 유추할 수 있다.
- 질문 만들기를 통해 능동적으로 글을 이해할 수 있다.

2. 준 비 물

워크북, 필기도구, 보드판, 보드마커

3. 활동내용

<3단계 워크북> p.15~18

① 글을 읽고 빈칸에 들어갈 적절한 어휘를 찾는다.

- 교사는 아동과 함께 첫 단락 빈칸에 들어갈 적절한 어휘를 찾는다.
- 교사는 문장들 간, 단락들 간 관계를 이해하여 빈칸에 들어갈 어휘를 유추하도록 돕는다.
- 빈칸에 들어간 어휘와 바꿔서 들어갈 수 있는 어휘가 있는지 찾아본다.
- 나머지 문제는 아동 스스로 풀게 한 후, 교사와 함께 빈칸을 채워본다.

② 글을 읽고 질문(사실적)을 만든다.

- 각자 세 문제 이상 만들고 발표한다.
- 문제를 많이 만들 경우 다음회기 과제나 당번을 제하는 보상을 주는 것도 좋다.
- 집단일 경우, 한 아동이 질문을 내면 다른 아동이 맞추는 형식으로 퀴즈 시간을 갖는다. 혹, 문제에 오류가 있는지 찾아보고, 서로서로 수정해 준다.

4. 기대효과

① 추론하기 활동을 통해 읽기 과제의 문장들 간, 단락들 간의 관계를 이해하는 데 도움을 줄 수 있다.

② 글의 정보와 아동의 지식 또는 경험을 통합할 수 있는 능력을 향상시킬 수 있다.

5. 유의사항

① 글을 충분히 이해하고 질문을 만들 수 있도록 질문 만들기 시간을 넉넉히 준다.

18회기 : 쓰기 흥미 갖기

1. 활동목표

- 아동에게 익숙한 글감으로 쓰기 과제에 대한 불안을 낮춘다.
- 릴레이 글짓기 과정을 통해 쓰기 과제에 대한 부담을 낮추고 흥미를 갖게 한다.

2. 준 비 물

워크북, 필기도구, 보드판, 보드마커

3. 활동내용

① 아동에게 익숙한 주제 나누기

- 아동 자신 또는 가족, 또래 관계에서 자주 접하거나 관심 있어 하는 주제가 무엇인지 이야기해본다.

> **[예]** 시험, 학원, 게임, 가수, 왕따 등등…

② 아동이 정한 주제어를 넣어 한문장 만들기를 한다.

③ 아동이 만든 문장을 서두어로 제시하여 이야기 릴레이를 시작한다.

> **[예]** 오늘도 학원에 가야 하는 게 정말 싫다 - 왜냐하면 시험을 보기 때문이다
> - 공부를 많이 안해서 못 볼 게 뻔해 걱정이 된다….

④ 이야기 릴레이 순서는 자유롭게 정한다.

- 이야기 릴레이는 말하면서 동시에 쓰는(보드판) 것을 원칙으로 한다.

⑤ 8~10문장 수준으로 이야기를 완성시킨다.

⑥ 아동 스스로가 오류를 찾고 수정하도록 유도한다.

⑦ 두세 개의 주제로 8~10문장 수준으로 이야기릴레이를 시도한다.

4. 기대효과

① 혼자 글짓기가 아닌 함께 글짓기를 함으로써 긴장하지 않고 흥미있게 쓰기가 이뤄질 수 있다.

② 완성된 이야기의 문제점을 스스로 찾고 수정함으로써 쓰기에 대한 자신감을 향상시킬 수 있다.

5. 유의사항

① 이야기 릴레이 소요시간에 따라 주제의 양이 달라질 수 있다.

② 교사의 개입을 최대한 줄이고 아동 스스로가 문제점을 찾고 수정하도록 유도해야 한다.

③ 글쓰는 과정에서 어려움이 있는지 확인하고 개입할 수 있어야 한다.

19회기 : 쓰기 경험 늘리기

1. 활동목표

- 릴레이 글짓기 과정을 통해 쓰기 과제에 대한 부담을 낮추고 흥미를 갖게 한다.
- 익숙한 주제로 자유롭게 글을 쓴다.

2. 준 비 물

워크북, 필기도구, 보드판, 보드마커

3. 활동내용

① 익숙한 주제로 이야기 릴레이 글짓기를 시작한다.

② 지난 회기에 나왔던 주제어 또는 새로운 주제어로 한 문장 만들기를 한다.

③ 아동이 만든 문장을 서두어로 제시하여 이야기 릴레이를 시작한다.

④ 이야기 릴레이 순서는 자유롭게 정하되, 8~10문장 수준으로 이야기를 완성시킨다.

- 아동은 워크북에 쓰고, 교사는 보드판에 쓴다. 이때 보드판은 아동이 보이지 않는 곳에 두고 쓴다.

⑤ 이야기 릴레이 글짓기 오류를 함께 찾는다.

⑥ 이야기가 완성된 후 교사가 작성한 보드판을 보고 글의 표현(맞춤법, 문장부호, 띄어쓰기)이 맞게 되었는지 각자 확인하고 잘못된 부분은 색깔 펜으로 체크한다.

⑦ 글의 주제와 관련하여 내용이 일관성이 있는지 주제나 중심내용이 잘 드러나 있는지 확인한다.

⑧ 홀로 글쓰기

- 지난회기에 나왔던 주제 또는 새로운 주제를 정해 한 문장 만들기를 한다.
- 릴레이 형식이 아닌 홀로 글쓰기로 8~10문장 이야기를 만들어 본다.
- 완성된 이야기는 교사에게 제출한다.

4. 기대효과

① 혼자 글짓기가 아닌 함께 글짓기를 함으로써 긴장하지 않고 흥미있게 쓰기가 이뤄질 수 있다.

② 완성된 이야기의 문제점을 스스로 찾고 수정함으로써 쓰기에 대한 자신감을 향상시킬 수 있다.

5. 유의사항

① 교사는 적극적으로 개입하여 글의 표현(맞춤법, 문장부호, 띄어쓰기), 내용(일관성), 주제(목적, 동기, 중심내용, 주제)가 적절하게 들어갈 수 있게 피드백을 준다.

② 아동이 제출한 글짓기를 토대로 마지막 총정리에서 아동이 특히 어려워 하는 부분에 대해 지도할 수 있도록 준비한다.

20회기 : 총정리 하기

1. 활동목표

12~19회기 동안 실시한 학습내용을 총정리 한다.

형성평가(BASA : 쓰기)를 실시한다.

2. 준 비 물

워크북, 필기도구, 보드판, 보드마커

3. 활동내용

1) 수업 내용 총정리(워크북을 참고하여 12~19회기에 실시된 내용을 요약 및 정리한다)

① 지난 회기 아동이 제출한 글짓기 자료를 토대로 가장 취약한 부분을 중점적으로 지도한다.

② 총 20회기 동안의 모든 수업을 마무리한다.

2) 형성평가

① 생각하기 1분, 글쓰기 3분을 실시한다.

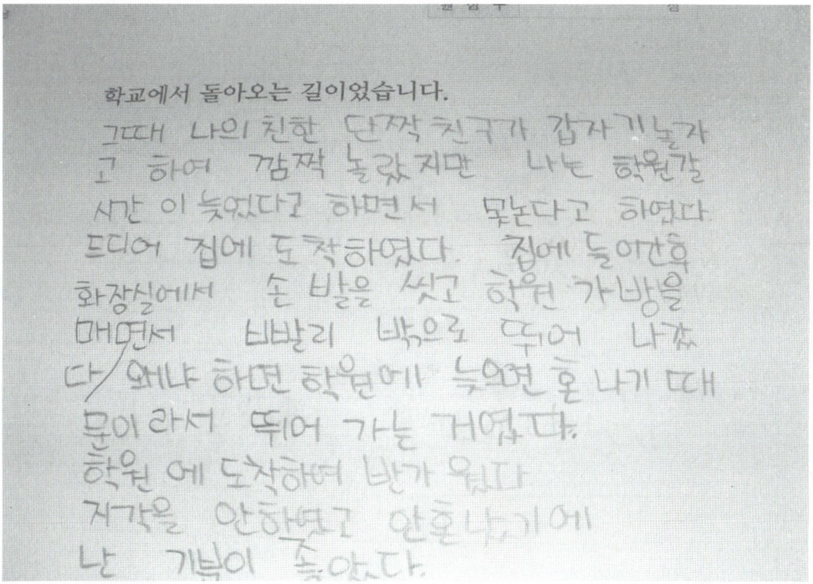
학교에서 돌아오는 길이었습니다.
그때 나의 친한 단짝 친구가 갑자기 놀자
고 하여 깜짝 놀랐지만 나는 학원갈
시간 이 늦었다고 하면서 못논다고 하였다.
드디어 집에 도착하였다. 집에 들어간후
화장실에서 손 발을 씻고 학원 가방을
매면서 빨리 밖으로 뛰어 나갔
다/ 왜냐 하면 학원에 늦으면 혼 나기 때
문이라서 뛰어 가는 거였다.
학원 에 도착하여 반가 웠다
지각을 안하였고 안혼나기에
난 기분이 좋았다.

4. 기대효과

① 아동이 개별적으로 부족한 부분을 보충할 수 있는 기회를 가질 수 있다.

② 형성평가를 통해 초기평가와 비교해봄으로써 아동의 현재 수준을 파악할 수 있다.

5. 유의사항

① 총정리 시간은 아동의 수업 참여도에 따라 달라질 수 있으므로 시간을 여유 있게 잡는다.

쑥쑥~!

프로그램명 4

자기주도학습능력 향상을 통한 진로성숙 프로그램

1회기 : 만나서 반가워요!
2회기 : 나 자신을 이해하기 1
3회기 : 나 자신을 이해하기 2
4회기 : 공부는 왜 하나?
5회기 : 나는 커서 무엇이 될까?
6회기 : 자기주도학습능력 키우기 1
7회기 : 자기주도학습능력 키우기 2
8회기 : 관심 있는 직업? 진로!!
9회기 : 자기주도학습능력 향상과 진로 1
10회기 : 자기주도학습능력 향상과 진로 2
11회기 : 미래 성공비결과 진로
12회기 : 1학기를 마무리하며……
13회기 : 2학기를 시작하며!
14회기 : 학업성취와 진로성장 1
15회기 : 학업성취와 진로성장 2
16회기 : 학업성취와 진로성장 3
17회기 : 진로 다지기 1
18회기 : 진로 다지기 2
19회기 : 진로 다지기 3
20회기 : 진로 성숙, 그리고 미래

학생들은 미래 사회의 구성원으로 건강한 삶을 영위할 권리가 있다. 이러한 행복한 삶을 영위하기 위한 가장 기본적인 활동은 자기를 실현할 수 있는 진로, 직업 활동이라 할 수 있다. 진로란 개인의 전 생애 직업발달과 그 과정 및 내용을 의미한다(김충기 외, 2012). 과거에는 직업의 수도 적었고 한 직장에서 정년퇴직하는 것을 미덕으로 여겼지만, 최근 들어서는 직업의 종류나 수도 매우 다양해지고 많아지고 있기 때문에 진로교육의 필요성은 증가되고 있다.

이러한 현실적 요구로 인해 최근 학교현장이나 상담현장에서는 진로교육 프로그램이 방과 후 학교수업이나 재량활동수업시간에 주요 프로그램으로 집중적으로 제공되고 있다. 일회적 진로적성검사를 실시하거나 진로탐색, 직업체험 등의 프로그램이 대다수인데, 이러한 프로그램은 말 그대로 '진로'만 다루고 있다. 그러나 진학이나 직업을 선택할 때 현실적으로 학생개인의 학업성취수준이나 학습능력은 중요한 기초자료가 된다.

목표지향성은 학업성취와 관련된 행동을 수행하고, 학습전략을 적극적으로 사용하도록 동기화시켜주는 중요한 요인이다(Dweck & Leggett, 1988). 학업저성취, 학습부진 학생들에게 공부는 의무적인 다소 부담스러운 이미지가 많거나 자신의 목표를 달성하기 위해 공부하는 숙달목표적인 태도보다는 '남들이 하니까', 혹은 '부모님이 하라고 하니까' 등등의 수행회피적이나 수행결과만을 중시하는 태도가 지배적이다(Middleton & Midgley, 1997). 또한 학습동기는 높지만 학습전략이나 기술이 부족하고 자기통제력이 낮은 학생은 노력을 많이 하지만, 소기의 성과를 거두지 못하는 좌절을 경험하게 되면서 학습에 흥미를 잃게 되고 학업저성취나 부진으로 연결되기도 한다. 이렇게 수행회피적이거나 수행결과만을 중시하는 학생이나, 학습기술이나 전략이 부족하거나, 자기통제력이 낮은 학생들은 공통적으로 학업저성취나 학습부진을 보인다(이상우, 2010). 따라서 수행회피적 목표나 과제지향적 목표를 갖는 학생들을 숙달목표를 갖도록 개입하는 것이 필요하다. 이는 숙달목표학습자가 가장 높은 학업성취를 보인다는 연구들을 통해 알 수 있다(Meece et al, 1988; Middleton & Midgley, 1997).

그러나 학업저성취, 학습부진을 보이는 학생들은 학교에서 좌절을 경험하기 때문에 진로성숙이나 진로 포부, 진로 준비행동 등의 영역에서도 낮은 수준을 보이거나 수동적이거나 잘못된 학습전략을 취하는 문제점을 갖고 있다(김계현, 2008; 송인섭, 2006). 또한 학업성취는 진로준비와 직결된 준비과정인데 학업저성취나 학습부진을 겪는 학생들은 자신감 저하와 잠재력개발을 하지 못하거나(유성경 외, 2006), 미래에 대한 희망이 없기 때문에 학습동기가 자극받지 못하고 학업을 등한시하는 악순환이 되기도 한다(Woolfolk, 2003). 이러한 학생들에게는 적절한 개입이 필요한데, 그 개입방안의 하나가 자기주도학습능력 향상이 될 수 있다.

자기주도학습이란 학습과정에 자기 스스로 인지적, 동기적, 행동적으로 적극 참여하는 것이다(Zimmerman & Marinez-Pons, 1990). 즉, 학생 스스로 자신의 학습을 계획 · 점검 · 조절하는 것을 의미하고 학습자가 계속적인 학습동기를 가지고 학습하여 학습목적에 도달하는 것을 말한다(송인섭, 2006). 학생들이 내재적 가치를 갖고 목표를 설정하고, 목표에 도달하기 위해 노력한다는 자기주도학습의 특성은 진로교육에서의 목표와 일맥상통하는 것으로 볼 수 있다. 자기주도학습능력과 진로발달변인이 유의미한 관련을 보임을 밝히는 연구들도 보고되고 있다(최정윤 · 김지은, 2012). 진로 포부를 갖고 이를 숙달목표화하여 자기주도학습전략을 사용하여 학업성취도가 높아지는 것은 매우 효과적인 진로 개입 방안이 될 수 있다(유성경 외, 2006; Zimmerman, 1990).

이렇게 볼 때 진로와 학습은 매우 밀접한 관계가 있는 것으로 학생들에게 자기주도학습과 진로 관련 프로그램을 상호보완적으로 구성하여 제공하는 것은 보다 현실적인 학생진로준비행동 측면에서 그 의의가 있다. 진로 포부, 진로 목표가 있을 때 학업에 대한 동기가 강화되고, 학업적 성공경험을 통해 진로성숙도가 높아지는 양 측면의 상호작용은 학업부진학생들에게 의미가 있다.

이와 같은 필요성에 의해 본 프로그램은 학습동기가 낮거나 학업저성취, 학업부진을 보이는 학생들을 대상으로 학습과 진로에 대한 자기이해를 바탕으로 숙달목표학습태도 및 자기주도적 학습능력 향상과 진로에 대한 정확한 이해, 진로 가치관 및 태도 형성을 꾀하고, 적절한 진로정보를 제공하여, 최종적으로 합리적인 진로계획과 진로 준비행동을 할 수 있도록 하는 것을 목적으로 한다.

■ 프로그램 개요

자기 자신의 이해와 학업성취를 높이는 동시에 직업 세계에 대한 이해의 폭을 넓혀 미래의 진로를 설계하고 계획할 수 있다. 본 프로그램은 학습지진, 학습부진, 학업저성취를 겪는 경계선급 이상의 인지적 기능을 보이는 정상수준의 중·고생 7~8명을 대상으로 하며 총 20회기로 구성되었다. 본서에서는 1학기 12회기, 2학기 8회기로 제안되었으나, 실제 현실적 상황에 맞게 융통적으로 실시할 수 있다.

■ 프로그램 목적 및 목표

- 자기주도적 학습능력 향상을 통한 학업성취를 높인다.
- 진로에 대한 정확한 이해와 올바른 진로 가치관 및 태도를 형성할 수 있다.
- 자기 자신의 진로 선택의 합리적인 의사결정과 능력을 배양할 수 있다.

■ 프로그램 진행과정

자 기 이 해		자기주도적 학습능력 향상 ↕ 직업 포부 및 직업세계 탐색		자신의 진로 선택 및 결정
• 관계 형성 및 프로그램 소개 • 성격검사, 진로검사, 자기주도적 학습능력검사	➡	**자기주도적 학습능력 향상** • 학습동기 향상 • 학습방법 습득 ↕ **직업 포부 및 직업세계 탐색** • 자신의 진로 유형을 알고 진로 선택	➡	• 미래에 대한 설계 및 계획 • 미래 자신의 모습 조망

자기이해 → 자기주도적 학습능력 향상 ↔ 직업 포부 탐색 및 직업세계 탐색 → 자신의 진로선택 및 결정

■ 기대효과

다양한 직업에 대한 정보를 통해 흥미를 유발하고 자신에 대한 이해를 바탕으로 진로에 대한 합리적인 의사결정 및 결정에 따른 진로 준비와 계획을 모색할 수 있다.

Memo

1회기 : 만나서 빤가워요!

1. 활동목표

프로그램 소개 및 오리엔테이션

2. 준 비 물

필기구, 이름표, 워크북

3. 활동내용

1) 집단소개 및 집단 tip 알려주기

① 집단을 통해 자신의 재능과 흥미를 알아보고, 미래의 목표를 설정하고 성취할 수 있도록 도울 것에 대해 소개한다.

② 집단에서 더 많은 것을 얻어갈 수 있는 방법을 알려준다.

2) 나만의 별칭 짓기

각자 자신이 집단 안에서 불렸으면 하는 별칭을 짓고 그 별칭에 대한 의미를 소개하며 서로를 알아갈 수 있다.

3) 다섯 글자로 질문하고 답하기

한 사람씩 돌아가면서 집단원에게 궁금한 사항을 다섯 글자로 질문하면 다섯 글자로 답을 하는 작업을 통해 친밀감을 형성한다.

> 【예】 너의 매력은? -키가 작은 것!
> 가고 싶은 곳? -독일, 브라질!

4) 함께하는 약속 정하기

상담을 진행하는 동안 지켜야 할 규칙을 함께 정하고 지킬 것에 대해 자율적으로 약속한다.

① 집단상담을 성실히 이행할 것에 대한 약속 정하기

② 사정이 생겨 늦거나 결석할 경우 담당 선생님에게 연락하기

③ 다른 집단원의 이야기에 경청하기

④ 집단 내에서 이야기된 내용에 대해 비밀을 지키기

⑤ 집단원의 자율적 규칙 써보기

5) 집단 참여에 대한 기대감 나누기

집단상담 프로그램을 통해 이번 학기 후 바라는 나의 모습과 그 목표를 이루어가기 위한 과정 중 염려되는 부분들을 적고 나누어본다.

4. 기대효과

프로그램에 대한 이해와 구성원 간의 소개를 통해 프로그램 참여 동기를 높인다.

5. 유의사항

프로그램의 첫 만남인 만큼 그룹 안에서의 규칙을 정하고 앞으로 그룹에 잘 참여할 것을 다짐하는 시간을 갖는다.

※ 다섯 손가락으로 자기소개하기

손가락을 따라 그리고, 각각의 손가락 질문을 따라 내가 어떤 사람인지 다섯 글자로 서로 소개해봅시다.

Memo

2회기 : 나 자신을 이해하기 1

1. 활동목표

심리검사를 통한 자기이해

2. 준 비 물

필기구, 이름표, 심리검사지

3. 활동내용

1) 심리검사에 대한 오리엔테이션

자신에 대한 이해를 돕기 위한 심리검사 실시 목적과 검사 유의사항을 설명한다.

<유의사항>

- 검사문항에는 맞는 답과 틀린 답이 없음
- 자신에게 습관처럼 편안하고 익숙한 것에 답하도록 함
- 시간제한은 없으나 너무 오래 생각하지 않도록 지도
- 자신이 이상적으로 바라는 것에 답하지 않도록 함
- 답안지에만 체크하도록 함
- 모호한 단어나 개념에 대한 질문 허용

2) MLST 학습전략검사 실시

<MLST 검사란?>

학습전략검사로 성격적 특성, 정서적 특성, 동기적 특성, 행동적 특성으로 나누어 학생이 학습을 하는 데 겪는 어려움을 찾아보고 자신에게 맞는 학습 전략을 세울 수 있도록 도움을 준다.

3) STRONG 진로흥미검사 실시

<STRONG 검사란?>

진로준비 및 진로계획을 위해 자신의 진로를 탐색하는 데 도움을 주기 위해 개발된 검사이다. 검사 결과는 자신의 진로성숙 정도를 확인·점검하고, 자신의 흥미유형 특성을 이해하여 흥미유형의 분류체계와 연관된 직업세계를 탐색해가는 두 가지 문제 모두에 도움을 줄 수 있도록 구성되었다.

4) 심리검사 결과 해석에 대한 예고

검사결과에 대한 해석 예고를 통해 자신이 실시한 결과에 대한 기대감을 갖도록 한다.

4. 기대효과

심리검사를 실시함으로써 객관적인 자기이해를 도모한다.

5. 유의사항

① 심리검사를 실시할 자격을 갖춘 전문가가 실시한다.

② 검사시간에 너무 많은 시간이 소요되지 않도록 시간 배분에 유의한다.

3회기 : 나 자신을 이해하기 2

1. 활동목표

심리검사 결과 해석을 통한 자기이해

2. 준 비 물

필기구, 워크북, 종이현금, 심리검사 결과지

3. 활동내용

1) 나의 학습 장점은?

학습 장점 마켓에서 자신에게 주어진 현금 안에서 경매를 통해 각자 필요한 학습 장점을 사고, 모든 경매를 마친 후 자신에게 필요한 학습 장점에 대한 가치를 올바르게 정하고 샀는지 발표를 통해 점검해본다.

2) MLST 학습전략검사 결과 해석

지난 시간 실시한 학습전략검사 결과를 통해 자신의 학습효능감, 자신감, 실천력 등의 정도와 우울, 짜증, 정서적인 어려움이나 고통의 정도를 확인한다.

〈검사결과 예〉

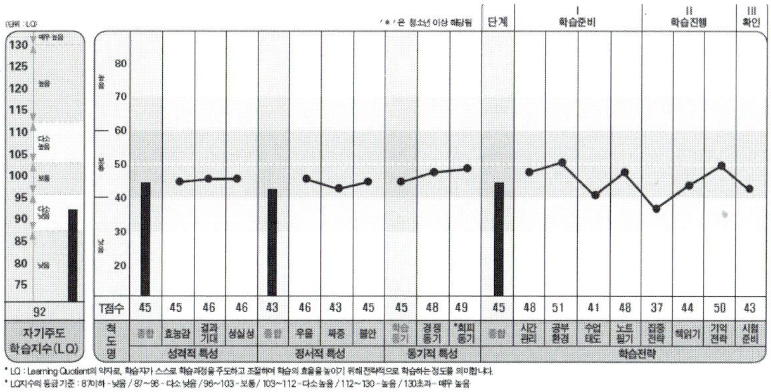

MLST 학습전략검사(한국가이던스)

3) MLST 학습전략검사 결과 해석을 통한 학습전략 세우기

① 나의 학습적 행동적 특성을 파악하고, 나의 학습 장점은 무엇인가?

② 나의 학습습관의 단점은 무엇인가?

③ 앞으로 나는?

4) MMTIC 성격검사 실시

<MMTIC 검사란?>

C. G. Jung의 심리유형론을 근거로 하여 Katharine Cook Briggs와 Isabel Briggs Myers가 보다 쉽고 일상생활에 유용하게 활용할 수 있도록 고안된 자기보고식 청소년용 성격유형지표이다. 자기보고문항을 통해 인식하고 판단할 때의 각자 선호하는 경향을 찾고, 이러한 선호 경향들이 하나하나 또는 여러 개가 합쳐져서 인간의 행동에 어떠한 영향을 미치는지를 파악하여 실생활에 응용할 수 있는 심리검사이다(출처 : 한국MBTI연구소).

5) 집단 참여에 대한 소감 나누기

4. 기대효과

자신의 학습전략과 성격유형에 대한 이해를 높이고 적용점을 탐색하도록 한다.

5. 유의사항

자기보고식 검사이기 때문에 자기주도적 학습능력 정도에 관한 학생별 검사 결과 해석에 주의가 필요하다.

★ 나의 학습장점은?

나의 학습 장점은?	① 나의 책정 금액	② 내가 산 금액	③ 최종 낙찰 금액
책 읽기를 좋아한다			
이해력이 좋다			
계획 세우기를 잘한다			
창의적으로 생각한다			
기억을 잘한다			
잘 외운다			
노트 정리를 잘한다			
공부를 잘하고 싶다			
새로운 학습 내용에 대해 호기심이 많다			
꾸준히 노력한다			
말로 설명을 잘한다			
공부에 대한 자신감이 있다			
잠재된 능력이 많다			
집중을 잘한다			
계산을 빨리 한다			

Memo

4회기 : 공부는 왜 하나?

1. 활동목표

학습동기 향상

2. 준 비 물

필기구, 워크북, 감정 카드

3. 활동내용

1) 감정 카드를 통한 마음표현하기

각자 최근 또는 오늘 자신의 감정을 표현할 수 있는 감정 카드를 선택하여 그룹원에게 소개한다.

【예】 짜증이 난다 : 어제 엄마가 책상정리를 하지 않았다고 야단쳐서 짜증이 났다.

2) 마인드맵 그리기

① 자신의 생각을 지도 그리듯 이미지화하는 마인드맵에 대해 소개한다.

② 자신의 관심과 취미, 장래희망에 관한 자신의 생각 경험 등을 지도 그리듯 그려 시각화하는 방법을 통해 자신이 원하는 진로를 구체화시켜 살펴볼 수 있는 기회를 갖는다.

3) 나 이런 사람이야

① 스트라디바리우스 바이올린에 관한 글을 함께 읽어보고, 자신이 가진 가장 훌륭한 보석 '스트라디바리우스 바이올린'이 무엇인지 각자 생각

해보고 나누면서 자신의 긍정적 자원을 찾을 수 있도록 돕는다.

② 과거 자신의 성공경험을 기억하여 써보고 이야기함으로써 학습이나 진로에 대한 자신감을 찾을 수 있도록 한다.

③ 과거 성공했던 경험을 통해 자신이 앞으로 성장시키고 개발시켜야 할 부분들을 찾고 성공의 경험들을 계속해서 할 수 있도록 동기부여를 한다.

4) 집단 참여 후 새롭게 깨닫거나 결심한 부분들에 대한 생각 나누기

4. 기대효과

진로와 학습에 대한 자신의 감정을 직면하고 수용한다.

5. 유의사항

과거 성공경험에 대한 프로그램 진행 시 눈을 감고 과거의 성공적 경험들을 상상하여 오감으로 느낄 수 있는 이미지기법을 통해 과거 성공적 경험에 대한 감정을 더 극대화할 수 있다.

나 이런 사람이야~

★ 첫 번째 성공 스토리~♬

- 초등학교 시절 받아쓰기 시험에서 100점을 받았다.
- 길을 가다가 아픈 사람이 있어서 다른 어른에게 알려 주었다.

☺ 그때 기분이 어땠나요?

- 엄마한테 칭찬도 많이 받고 기분이 엄청 좋았다.

★ 두 번째 성공 스토리~♬

☺ 그때 기분이 어땠나요?

★ 세 번째 성공 스토리~♬

☺ 그때 기분이 어땠나요?

★ 칭찬받고 싶은 일이 있나요?

★ 이번 학기 동안 어떻게 준비해야 할까요? ^^

Memo

5회기 : 나는 커서 무엇이 될까?

1. 활동목표

심리검사 결과 해석을 통한 진로탐색

2. 준 비 물

필기구, 워크북, 과제점검 보상을 위한 상품

3. 활동내용

1) 감정 카드를 통한 마음표현하기

각자 최근 또는 오늘 자신의 감정을 표현할 수 있는 감정 카드를 선택하여 그룹원에게 소개한다.

2) 과제점검

지난 시간 약속한 생활계획표 실천 여부 점검과 보상을 한다.

3) MMTIC 성격검사 및 STRONG 진로흥미검사 결과 해석

① 진로흥미유형을 설명하고 자신이 예측하는 흥미유형과 첫 회기에 실시하였던 진로탐색검사 결과에 따른 흥미유형을 비교해본다.

② 자신이 좋아하는 과목과 성적이 좋은 과목의 공통과목을 적어보고, 자신이 싫어하는 과목과 성적이 나쁜 과목의 공통과목을 적어본다.

③ 진로흥미검사의 유형별 특성을 해석해준다.

④ 내가 원하는 직업과 주위에서 원하는 직업 및 검사결과 자신의 흥미유

형 코드에 적합한 직업과 학과를 적어본다.

⑤ 자신에게 적합하다고 판단되는 직업과 학과를 다섯 개로 요약하여 정리해본 후, 다섯 개 중에서 자신에게 가장 적합하다고 생각하는 직업을 선택하고 그 직업과 관련된 학과를 찾아 기록한다.

4) 자신이 상상하였던 진로와 검사결과 해석 후의 차이점에 대해 서로 이야기한다.

5) 미래의 성공한 나 상상하기

리더는 그룹원이 눈을 감고 조용히 심호흡을 통해 안정을 취할 수 있도록 한 후 미래의 성공한 자신의 모습을 상상할 수 있도록 한다. 상상 속의 장면을 오감(시각, 청각, 후각, 미각, 촉각)을 통해 충분히 느낄 수 있도록 한 후 상상 속의 자신의 모습을 소개하고 느낌을 서로 이야기하도록 하여 자신의 꿈을 이루기 위한 동기 부여를 강화한다.

6) 집단 참여 후 새롭게 깨닫거나 결심한 부분들에 대한 생각 나누기

4. 기대효과

자신의 진로적성에 대한 이해를 높이고 적용점을 탐색하도록 한다.

5. 유의사항

자기보고식 검사이기 때문에 진로적성 정도에 관한 학생별 검사 결과 해석에 주의가 필요하다.

1. 나의 흥미유형 코드는?

내가 예측하는 흥미유형 코드	결과로 본 나의 흥미유형 코드

2. 나를 알자!!!

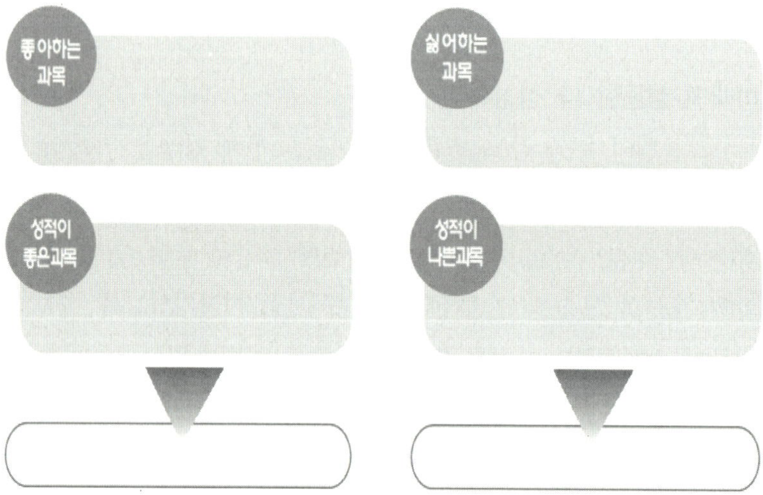

3. 나의 직업과 적합한 학과를 적어보세요.

Memo

6회기 : 자기주도학습능력 키우기 1

1. 활동목표

시간관리를 통한 자기주도적 학습능력 향상

2. 준 비 물

필기구, 워크북, 감정 카드, 컴퓨터(노트북)

3. 활동내용

1) 감정 카드를 통한 마음표현하기

각자 최근 또는 오늘 자신의 감정을 표현할 수 있는 감정 카드를 선택하여 그룹원에게 소개한다.

2) Ice break – 동전 숨기기 게임

집단원 모두 손을 잡은 상태에서 술래가 동전이 숨겨져 있는 맞잡은 손을 찾아내는 것이다. 동전이 나온 손이 다시 술래가 된다. 짧은 동요나 간단한 노래를 부르면서 술래를 교란 시켜 동전이 어디에 있는지 찾을 수 없게 하는 것이 중요하다.

3) 생활계획표 발표

전 회기 시 과제로 내준 생활계획표를 발표한다.

4) 생활계획표에 대한 피드백

발표한 생활계획표가 중요도와 긴급도에 따른 계획이었는지 살펴보고, 잘한 점과 보완할 점에 대하여 피드백을 한다.

5) 보완한 생활계획표 작성

서로 피드백 한 내용에 따라 보완하여 다음 주 생활계획표를 작성해본다. 마무리한 생활계획표로 일주일간 공부계획에 지킬 약속을 정한다.

6) 집단 참여 후 새롭게 깨닫거나 결심한 부분들에 대한 생각 나누기

4. 기대효과

자신의 시간관리 특성을 이해하고 보완점을 찾으면서 자기주도학습능력을 향상시킨다.

5. 유의사항

일주일간 공부계획 약속을 정할 시 집단원이 평소 하는 학습시간을 참고하여 너무 많은 양을 늘리거나 적게 계획하지 않고 적당량을 조금씩 늘릴 수 있도록 지도한다.

★ 나의 계획을 이야기해주세요~

★ 내 계획의 잘한 점과 보완해야 할 점은 무엇인가요?

★ 어떻게 바꾸면 좋을까요?

Memo

7회기 : 자기주도학습능력 키우기 2

1. 활동목표

시간관리를 통한 자기주도적 학습능력 향상

2. 준 비 물

필기구, 워크북, 감정 카드, 컴퓨터(노트북)

3. 활동내용

1) 감정 카드를 통한 마음 표현하기

각자 최근 또는 오늘 자신의 감정을 표현할 수 있는 감정 카드를 선택하여 그룹원에게 소개한다.

[예] 기대된다 : 오늘 진행할 집단프로그램이 기대된다!

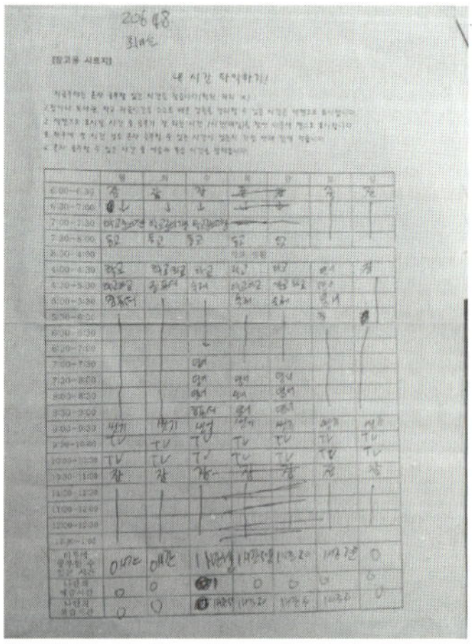

2) 우선순위 이해 및 시간 사용 점검

최근 일주일간 자신의 생활시간 사용표를 작성하여, 자신의 생활패턴과 시간사용을 점검해본다.

3) 시간관리 동영상 시청

시간관리에 성공하여 서울대에 입학한 학생의 동영상을 시청한 후 자신의 시간 사용에 활용할 수 있는 것과 느낀 점을 나눈다.

4) 생활 가운데 우선순위 정하기

① 중요도와 긴급도에 따라 자신의 활동을 분류할 수 있음을 설명한다.

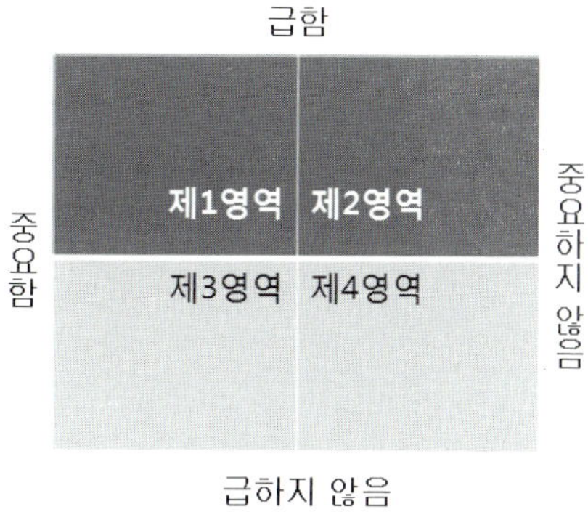

- 중요하고 긴급한 일 : 내일까지 제출해야 할 수행평가 과제
- 중요하나 긴급하지 않은 일 : 영어단어 외우기, 운동하기
- 중요하지 않고 긴급한 일 : 핸드폰 요금 내기, 빨래나 청소하기
- 중요하지 않고 긴급하지 않은 일 : TV 시청, 게임, 친구와 수다 등

② 작성한 최근 일주일간 생활시간 사용표를 참고하여 중요도와 긴급도에 따라 활동내용을 분류해보고, 자신의 시간사용 패턴을 점검해본다.

③ 공부계획표 작성하기

- 개인별로 한 주 동안 각 요일별 공부할 수 있는 분량과 실천내용들에 대해 계획해본다.

5) 집단 참여 후 새롭게 깨닫거나 결심한 부분들에 대한 생각 나누기

4. 기대효과

시간계획의 중요성과 시간관리전략을 숙달하여 스스로 시간계획을 잘할 수 있도록 한다.

5. 유의사항

과제로 다음 프로그램 진행 시까지 자신의 공부계획 및 시간사용을 계획해보고 실천할 수 있도록 생활시간표를 작성해오도록 하며, 이에 관한 동기부여를 위해 긍정적 보상을 제시할 수 있다.

Memo

8회기 : 관심 있는 직업? 진로!!

1. 활동목표

진로탐색

2. 준 비 물

필기구, 워크북, 컴퓨터(노트북)

3. 활동내용

1) 미래의 성공한 나 그리기

리더는 그룹원이 눈을 감고 조용히 심호흡을 통해 안정을 취할 수 있도록 한 후 미래의 성공한 자신의 모습을 상상할 수 있도록 한다. 상상 속의 장면을 오감(시각, 청각, 후각, 미각, 촉각)을 통해 충분히 느낄 수 있도록 한 후, 상상 속의 자신의 모습을 소개하고 느낌을 서로 이야기하도록 하여 자신의 꿈을 이루기 위한 동기 부여를 강화한다.

2) 직업명 빙고게임

직업명 중에서 가장 많을 것 같고 유치원생도 알 수 있는 수준의 직업명으로 빙고게임을 한다. 강사가 미리 작성한 직업명들을 프린트하여 나누어 줄 수 있다. 또한 시간적 여유가 있다면 게임이 끝난 후에 직업명을 가지고 워크넷에 검색하여 다양한 직업과 정보를 알아볼 수 있는 기회를 가질 수 있다.

3) 관심 있는 직업과 진로 소개하기

진로탐색검사 결과를 참조하여 자신이 관심 있는 직업과 진로에 대해 그룹원에게 소개한다.

4) 관심 있는 직업과 진로를 위해 필요한 정보들이 무엇이 있는지 이야기 해본다(학력, 필요한 기술, 교육과정, 장래성, 연봉 등).

5) 관심 있는 직업에 관한 리서치 과제 설명

6) 집단 참여 후 새롭게 깨닫거나 결심한 부분들에 대한 생각 나누기

4. 기대효과

자신의 직업에 대한 흥미와 직업세계에 대한 현실적인 지각을 높인다.

5. 유의사항

직업에 관한 리서치 과제로 직업흥미 검사 결과 자신의 원하는 직업에 대하여 워크넷과 직업능력개발원 사이트를 참고하여 리서치해올 수 있도록 동기를 부여한다.

★ 직업 리서치

갖고 싶은 직업명	
필요한 학력	
필요한 이력	
미래의 전망	

Memo

9회기 : 자기주도학습능력 향상과 진로 1

1. 활동목표

자기주도학습능력 향상과 진로 발견

2. 준 비 물

필기구, 워크북, 풍선, 컴퓨터(노트북)

3. 활동내용

1) Ice break

자유롭게 서서 손을 이용하지 않고 풍선을 옆 사람에게 패스하는 게임을 한다. 풍선을 옆 사람에게 패스하지 못하고 땅에 떨어뜨린 사람이 가장 먼저 발표하는 것으로 진행할 수 있다.

2) 과제점검

지난 시간 약속한 생활계획표 실천 여부를 점검하여 약속을 지킨 그룹원에게 긍정적 보상을 통해 생활계획표를 지켜 자기관리를 할 수 있도록 동기부여한다.

3) 직업에 관한 리서치 발표

자신의 관심 있는 직업에 관한 리서치한 지난주 과제를 발표한다. 과제를 하지 않았을 경우, 인터넷을 사용할 수 있도록 하여 프로그램 안에서 정보를 찾아볼 수 있도록 한 후 발표할 수 있도록 한다. 자신의 직업뿐 아니라 집단원 모두의 정보를 공유하고 함께 탐색하는 시간을 갖는다.

4) 기말고사를 위한 준비

① 기말고사를 위한 준비사항을 설명한다(시험범위 확인, 프린트물, 노트 정리, 예상문제 등).

② 기말고사를 위한 세 과목을 선정하고 목표점수를 설정해본다.

③ 기말고사를 위한 시험계획표를 작성해본다.

과목	시험 범위			필요한 자료	필요한 시간	점 수
	대단원	중단원과 소단원	핵심내용, 중요개념			
과학	I 지구의 구조	1. 지구의 내부				현재 점수 70 ⇩ 목표 점수 75
		1) 들어가 보지 않고 어떻게 알지?	지진파의 특성	교과서 정독 후	30분	
		2) 지구의 내부는 어떻게 생겼을까?	지진파의 속도분포 곡선	(탐구는 꼭 할 것)	30분	
			지구내부의 특징	노트정리 이해,	30분	
		2. 대기권 구조		암기->문제풀이		
		1) 하늘 높이 올라가면 추울까? 더울까?	고도에 따른 온도변화 그래프		30분	
		2) 하늘 높이 올라가면 어떤 일이 생길까?	대기권의 구조와 구간별 특징		1시간	
	II 빛	1. 빛의 성질				
		1) 빛이 거울에 비추면?	반사의 법칙, 거울에서 반사		30분	
		2) 물속 막대는 왜 구부러져 보일까?	렌즈에서의 굴절현상		1시간	
			주변에서의 굴절현상 이해하기		30분	
		2. 빛의 색				
		1) 무지개를 찾아서	빛의 분산 이해하기(프리즘)		30분	
		2) 여러가지 색깔의 빛을 만들자	빛 합성색 알기		30분	
			물체의 색은 어떻게?		30분	
		3) 색깔은 왜 달라보일까?				
	III. 지각의 물질	1. 광물과 암석				
		1) 암석은 무엇으로 이루어져 있을까?	구성원소와 광물 이해하기		30분	
		2) 광물은 어떻게 구별할까?	광물의 구별방법 이해하기		1시간 30분	

5) 집단 참여 후 새롭게 깨닫거나 결심한 부분들에 대한 생각 나누기

4. 기대효과

직업세계를 탐색해보고 자신의 진로에 대한 의사를 강화한다.

5. 유의사항

과목별 목표점수를 정할 때 달성이 가능할 수 있도록 기존점수에서 목표점수 차이가 20점을 넘지 않도록 한다.

Memo

10회기 : 자기주도학습능력 향상과 진로 2

1. 활동목표

자기주도학습능력 향상과 진로 발견

2. 준 비 물

필기구, 워크북, 컴퓨터

3. 활동내용

1) Ice break – '마트에 가면~ ○○도 있고' 게임

한 그룹원이 '마트에 가면~ ○○도 있고'를 하면 다음 그룹원이 앞의 그룹원들이 이야기한 것을 기억하여 동일하게 이야기한 후, 새로운 물건이름을 이야기하여 이어가는 게임을 통하여 단기기억력을 향상시킬 수 있다.

2) 과제점검

지난 시간 약속한 생활계획표 실천 여부를 점검하여 약속을 지킨 그룹원에게 긍정적 보상을 통해 생활계획표를 지켜 자기관리를 할 수 있도록 동기부여한다.

3) 시험 관련하여 암기법의 종류를 설명하고 실습해본다.

① 묶어서 외우기

② 이야기로 만들어 외우기

③ 상상력을 동원해서 그림을 만들어 외우기(마인드맵)

④ 앞 글자를 따서 기억하기

⑤ 형광펜, 빨간 펜으로 외우기

⑥ 반복학습(복습)을 통해 기억하기

⑦ 주변사람들을 가르쳐 외우기

⑧ 암기송을 만들어 외우기

4) 동영상 시청 후 느낌 나누기

자신만의 암기(기억)법을 통해 학업성취에 성공한 동영상 시청을 하고, 느낀 점을 나눈 후 자신이 적용할 수 있는 것들을 생각해본다.

5) 시험 준비 프로젝트

시험 준비를 위한 과목별 준비사항을 점검해본다. 시험 준비가 어려운 그룹원은 반에서 학업성취가 높은 친구들에게 도움을 요청하여 유인물과 노트필기, 기출문제 등을 복사하고 준비할 수 있도록 한다.

잠깐!! 시험공부 할 준비가 됐니?

☆ 지금까지 받은 유인물 다 있나 챙겨보기

☆ 노트필기 빠진 것 없나 확인하기

☆ 교과서 중요한 부분 꼼꼼히 체크됐는지 친구꺼랑 비교하기

☆ 기출문제 혹시 있는지 확인하기

과목	번호	질 문	Yes or No
	1	지금까지 받은 유인물이 다 있나요?(몇장?)	
	2	노트필기 빠진 것이 있나요?	
	3	교과서 중요한 부분 꼼꼼히 체크됐나요?	

6) 집단 참여 후 새롭게 깨닫거나 결심한 부분들에 대한 생각 나누기

4. 기대효과

진로탐색을 통한 학습동기, 학습전략기술을 강화한다.

5. 유의사항

다양한 학습전략을 숙지하면서 개인마다 선호하는 학습전략이 최선인지 점검하도록 한다.

Memo

11회기 : 미래 성공비결과 진로

1. 활동목표

성공비결 파악 및 진로

2. 준 비 물

필기구, 워크북, 유명인의 성공비결에 관한 동영상 또는 자료

3. 활동내용

1) 과제점검

지난시간 약속한 생활계획표 실천 여부를 점검하여 약속을 지킨 그룹원에게 긍정적 보상을 통해 생활계획표를 지켜 자기관리를 할 수 있도록 동기 부여한다.

2) 유명인의 성공비결을 살펴본다.

자신이 좋아하고 선택하고 싶은 직업에서 성공한 사람이 가지고 있는 좋은 습관이나 성공비결 등을 이야기한다. 리더는 그룹원들이 주로 선택한 직업에서 성공한 사람들의 좋은 습관, 성공비결에 대해 미리 준비하여 여러 가지 롤 모델의 모습을 제시할 수 있다.

3) 나만의 성공비결

유명인의 성공비결을 참고하여 자신만이 가질 수 있는 성공비결을 만들어본다. 자신만이 가진 장점을 이용해도 좋고, 자신의 단점을 보완하여 꾸준히 노력할 수 있는 성공비결을 만들어본다.

4) 시험불안 낮추기

시험목표를 달성하고, 계속해서 자신의 꿈을 실현시키는 성공적 미래에 관한 상상을 한 후 느낌을 이야기하여 학습에 관한 동기를 향상시키고 시험불안을 낮춘다.

5) 집단 참여 후 새롭게 깨닫거나 결심한 부분들에 대한 생각 나누기

4. 기대효과

구체적인 자신의 성공비결을 다룸으로써 미래 진로 포부를 높인다.

5. 유의사항

미래에 자신의 성공한 모습을 상상하는 시험불안 낮추기를 진행할 때 리더는 그룹원이 눈을 감고 조용히 심호흡을 통해 안정을 취할 수 있도록 한 후 상상 속의 장면을 오감(시각, 청각, 후각, 미각, 촉각)을 통해 충분히 느낄 수 있도록 돕는다.

12회기 : 1학기를 마무리하며……

1. 활동목표

1학기 프로그램 마무리

2. 준 비 물

필기구, 워크북, 회기 요약 PPT, 포스트잇(별, 하트 모양 등)

3. 활동내용

1) 과제점검

지난 시간 약속한 생활계획표 실천 여부를 점검하여 약속을 지킨 그룹원에게 긍정적 보상을 통해 생활계획표를 지켜 자기관리를 할 수 있도록 동기 부여한다.

2) 1~12회기 동안의 프로그램을 다시 정리하며 살펴본다.

「도전 골든벨」, 「1 대 100」 등의 간단한 퀴즈 형식으로 그동안의 프로그램을 정리하는 시간을 갖는다.

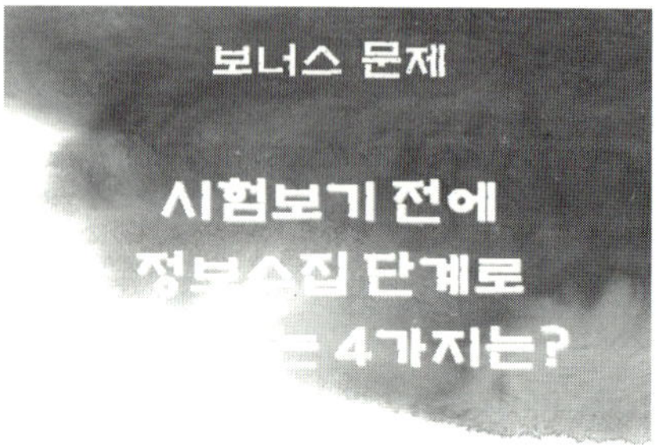

3) 방학생활계획표를 작성한다.

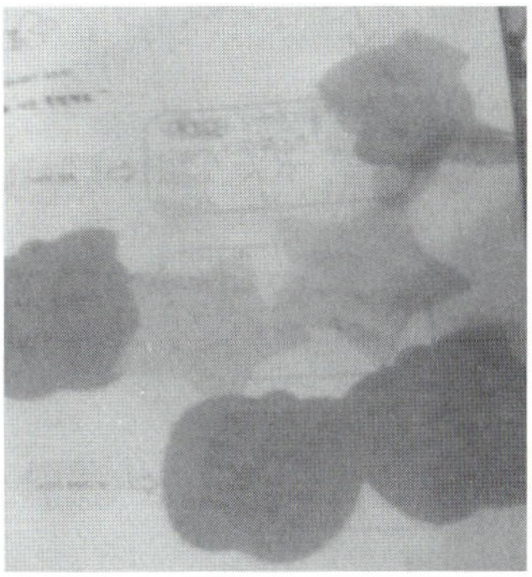

4) 서로에 대한 칭찬메모를 작성하여 나누어 가진다.

5) 프로그램을 시작하기 전과 1학기 프로그램을 마치며 달라진 점이나 새롭게 결심한 것을 이야기한다.

4. 기대효과

시간관리기술을 반복적으로 점검하고 피드백 해줌으로써 자기주도학습능력을 향상시킨다.

한 학기 동안의 프로그램을 마무리하여 방학기간 동안 자기주도학습 전략을 시도할 수 있도록 촉진한다. 또한 다음 학기 프로그램의 준비도를 높인다.

5. 유의사항

프로그램을 마무리하면서 그동안 과제물이나 프로그램의 성실도에 따라 집단원에게 작은 선물을 준비해 줄 수 있다.

13회기 : 2학기를 시작하며!

1. 활동목표

2학기 프로그램 안내 및 동기화

2. 준 비 물

필기구, 워크북

3. 활동내용

1) 2학기를 준비하는 나

방학 중 생활계획 달성 여부 평가를 통해 자신의 생활을 반성하고 2학기를 새롭게 준비할 수 있는 시간이 될 수 있도록 한다.

2) 프로그램 안내

2학기 프로그램의 오리엔테이션을 통해 프로그램에 기대를 가지고 참여할 수 있도록 동기 부여한다.

3) 이야기를 통해 본 성공시대 & 나의 성공경험 나누기

유명인의 성공경험을 담은 동영상을 시청한 후 자신이 바라는 미래의 모습과 바라는 미래의 모습을 위한 실천계획을 적어보고 발표한다.

4) 2학기 목표설정

① 집단상담 프로그램을 통해 이번 학기 후 바라는 나의 모습과 그 목표를 이루어가기 위한 과정 중 염려되는 부분들을 적고 나누어본다.

② 2학기 목표를 달성하기 위한 주간생활계획표를 세우고 일주일간 자신의 생활을 주간일정표에 적어올 수 있도록 과제를 설명한다.

5) 함께하는 약속 정하기

상담을 진행하는 동안 지켜야 할 규칙을 함께 정하고 지킬 것에 대해 자율적으로 약속한다.

① 집단상담을 성실히 이행할 것에 대한 약속 정하기

② 사정이 생겨 늦거나 결석할 경우 담당 선생님에게 연락하기

③ 다른 집단원의 이야기에 경청하기

④ 집단 내에서 이야기된 내용에 대해 비밀 지키기

⑤ 집단원의 자율적 규칙을 써보기

4. 기대효과

지난 학기 프로그램 적용수준을 점검하고 금번 학기 프로그램을 소개하여 금번 학기 프로그램에 준비되도록 한다.

5. 유의사항

지난 학기 달성 여부를 평가할 때 긍정적 피드백을 하여 학생들이 금번 학기 프로그램에 희망을 갖고 참여할 수 있도록 한다.

주간생활계획표

구분	시간	월	화	수	목	금	토	일
오전	7:00							
	8:00							
	9:00							
	10:00							
	11:00							
	12:00							
오후	1:00							
	2:00							
	3:00							
	4:00							
	5:00							
	6:00							
	7:00							
	8:00							
	9:00							
	10:00							
	11:00							

Memo

14회기 : 학업성취와 진로성장 1

1. 활동목표

학업성취 향상과 진로성장

2. 준 비 물

필기구, 워크북, 감정 카드, 예습법 동영상, 컴퓨터

3. 활동내용

1) 감정 카드를 통한 마음 표현하기

각자 최근 또는 오늘 자신의 감정을 표현할 수 있는 감정 카드를 선택하여 그룹원에게 소개한다.

2) Ice break – 숨은 직업명 찾기

정해진 시간에 표에 적혀 있는 글자들을 가로, 세로, 대각선으로 연결하여 옛날과 오늘날의 직업명을 찾아 표시하고 가장 많은 직업명을 찾은 사람이 승리한다.

3) 생활계획표 점검

지난 시간 약속한 생활계획표 실천 여부를 점검하여 약속을 지킨 그룹원에게 긍정적 보상을 통해 생활계획표를 지켜 자기관리를 할 수 있도록 동기를 부여한다.

4) 시험 준비 프로젝트(예습법)

① 예습에 관한 동영상 시청을 통해 예습했을 때의 수업집중도와 기억력의 차이에 대해 살펴보고 느낀 점을 나누어본다.

② 예습의 구체적인 방법들을 살펴보고 실천할 수 있도록 한다.

5) 집단 참여 후 새롭게 깨닫거나 결심한 부분들에 대한 생각 나누기

4. 기대효과

예습법을 숙지하도록 하여 실제 학습에 적용할 수 있도록 한다.

5. 유의사항

프로그램 안에서 직업정보를 바로 검색할 수 있도록 인터넷을 사용할 수 있는 환경이 필요하다.

예습의 7단계

1. • 교과서의 단원명을 확인합니다.
2. • 교과서의 학습목표도 확인합니다.
3. • 학습활동도 살펴봅니다.
4. • 그림, 지도, 그래프를 훑어봅니다.
5. • 진하게 표시된 핵심용어도 살펴봅니다.
6. • 모르는 단어를 빠르게 찾습니다.
7. • 배울 것을 간단하게 요약합니다.

Memo

15회기 : 학업성취와 진로성장 2

1. 학습목표

학업성취 향상과 진로성장

2. 준 비 물

필기구, 워크북, 컴퓨터(노트북), 감정 카드, 복습법 동영상

3. 학습내용

1) 감정 카드를 통한 마음 표현하기

각자 최근 또는 오늘 자신의 감정을 표현할 수 있는 감정 카드를 선택하여 그룹원에게 소개한다.

2) 과제점검

지난 시간 약속한 생활계획표 실천 여부를 점검하여 약속을 지킨 그룹원에게 긍정적 보상을 통해 생활계획표를 지켜 자기관리를 할 수 있도록 동기부여한다.

3) 관심 있는 직업에 대해 알아보기

자신이 관심 있는 직업 한 가지를 선택하여 인터넷을 통해 그 직업에 관한 정보를 수집하고 평가해본다.

4) 나의 스트레스 점검

스트레스 점검척도를 통해 자신의 스트레스 정도를 평가하고, 어떤 영역에서 스트레스를 가장 많이 받고 있는지 살펴본다. 검사 결과에 따른 대처방법에 대해 이야기를 나누어 자신의 스트레스를 조절할 수 있도록 돕는다.

5) 시험 준비 프로젝트(복습법)

① 에빙하우스 망각의 곡선을 통해 복습의 중요성을 살펴본다.

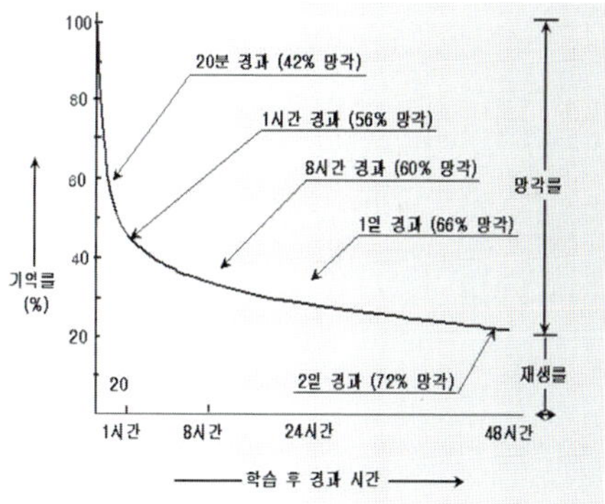

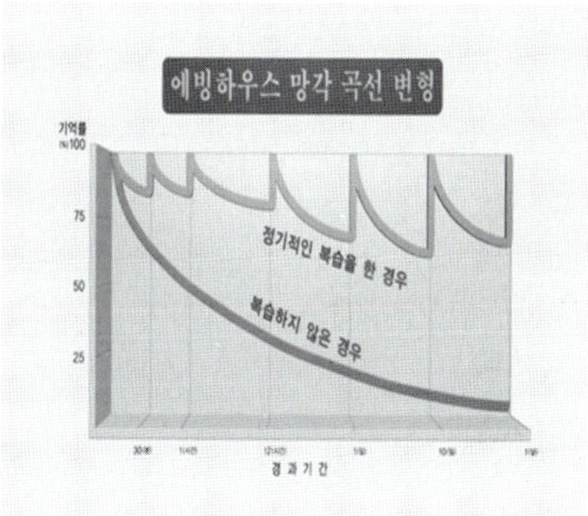

② 복습법 관련 동영상 시청 후 느낀 점을 나눈다.

6) 집단 참여 후 새롭게 깨닫거나 결심한 부분들에 대한 생각 나누기

4. 기대효과

지속적인 시간관리전략 점검을 하여 자기주도적 학습능력을 강화하고 복습법 숙지를 통하여 실제로 적용할 수 있도록 한다.

5. 유의사항

① 프로그램 안에서 직업정보를 바로 검색할 수 있도록 인터넷을 사용할 수 있는 환경이 필요하다.

② 에빙하우스 관련 동영상을 시청할 수도 있으며, 프로그램 진행의 흐름이나 집중을 위해 동영상 시청은 5분을 넘지 않게 편집하여 활용하는 것이 좋겠다. 복습법 관련 동영상은 '공부의 왕도 이경빈' 편을 참고했다.

Memo

16회기 : 학업성취와 진로성장 3

1. 활동목표

학업성취 향상과 진로성장

2. 준 비 물

필기구, 워크북, 감정 카드, 각 학생들의 교과서와 학교 노트

3. 활동내용

1) 감정 카드를 통한 마음 표현하기

각자 최근 또는 오늘 자신의 감정을 표현할 수 있는 감정 카드를 선택하여 그룹원에게 소개한다.

2) 과제점검

지난 시간 약속한 생활계획표 실천 여부를 점검하여 약속을 지킨 그룹원에게 긍정적 보상을 통해 생활계획표를 지켜 자기관리를 할 수 있도록 동기를 부여한다.

3) 시험 준비 프로젝트

① 1학기 프로그램에서 진행했던 암기법을 복습하는 시간을 갖고 자신만의 암기법을 활용하고 있는 것이 있다면 소개하고, 암기법을 활용할 수 있도록 돕는다.

- 묶어서 외우기
- 이야기로 만들어 외우기
- 상상력을 동원해서 그림을 만들어 외우기(마인드맵)
- 앞 글자를 따서 기억하기
- 형광펜, 빨간 펜으로 외우기
- 반복학습(복습)을 통해 기억하기
- 주변사람들을 가르쳐 외우기
- 암기송을 만들어 외우기

② 시험의 목적을 설명하고 구체적 시험 준비를 위한 학습법을 제시하여 그룹원이 시험을 준비할 수 있도록 한다.

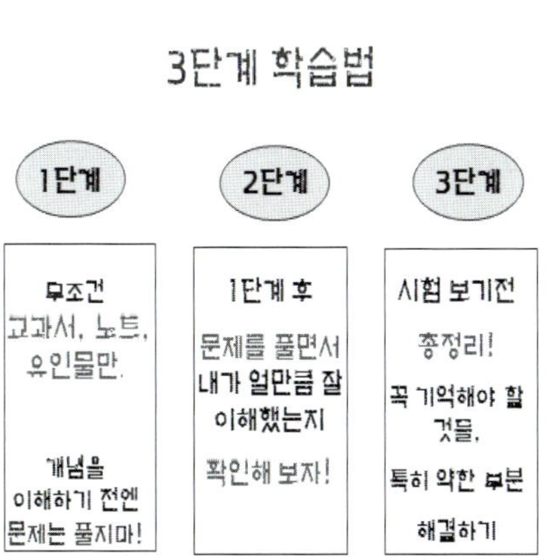

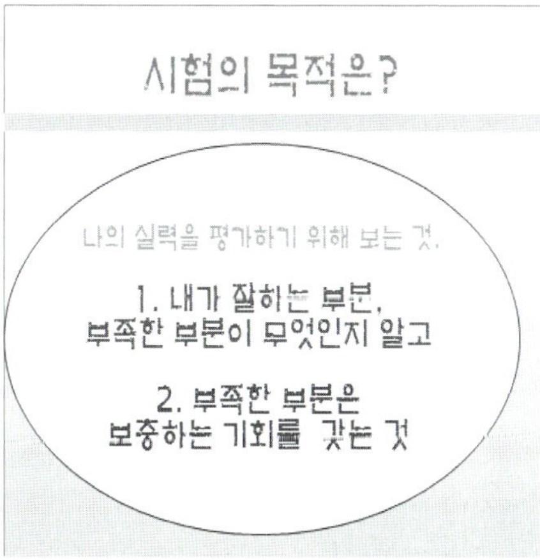

3) 노트법을 소개한다.

노트필기란 중요한 학습기술의 하나로, 학습내용을 스스로 정리하여 기록해두는 것이다. 다양한 노트법을 소개하고 자신에게 맞는 노트법을 생각해 보고 활용할 수 있는 기회를 갖는다.

- 핵심 찾기 : 문장 단락 지문에서 가장 중요한 개념으로, 핵심개념이 갖고 있는 특성을 소개한다.
- 밑줄 긋기 : 효과적인 밑줄 긋기 방법을 소개한다.
- 줄여 쓰기 : 학습내용을 짧게 줄여 쓰는 것을 연습해본다.
- SQRW : 독서법을 통해 효과적인 공부방법을 살펴본다.
- 코넬 노트법 소개
  - 수직형 매핑법 : 개념 간의 크기와 단계가 분명하여 가지를 수직으로 단계적 나열하여 기술할 수 있는 글
  - 주제별 정리법 : 한 가지 주제에 관련한 세부내용이 많은 글의 시각적 효과를 높이고자 하는 것
  - 논증법 : 어떤 사실, 주장, 관점 및 현상에 대한 이론적 · 철학적 · 학문적 추론 및 설명으로 이루는 방법

4) 집단 참여 후 새롭게 깨닫거나 결심한 부분들에 대한 생각 나누기

4. 기대효과

암기법, 노트법을 숙지하여 실제 학습, 시험에 적용할 수 있도록 한다.

5. 유의사항

① 실제 학생들의 노트와 교과서를 활용하여 실제적인 활용능력을 점검할 수 있도록 한다.

② 학생 개개인에게 가장 잘 맞는 학습법을 찾을 수 있도록 한다.

Memo

17회기 : 진로 다지기 1

1. 활동목표

진로 성숙

2. 준 비 물

필기구, 워크북, 감정 카드

3. 활동내용

1) 감정 카드를 통한 마음 표현하기

각자 최근 또는 오늘 자신의 감정을 표현할 수 있는 감정 카드를 선택하여 그룹원에게 소개한다.

2) 과제점검

지난 시간 약속한 생활계획표 실천 여부를 점검하여 약속을 지킨 그룹원에게 긍정적 보상을 통해 생활계획표를 지켜 자기관리를 할 수 있도록 동기를 부여한다.

3) 내가 좋아하는 직업의 구체적인 조건은?

① 자신이 원하는 직업 3가지를 적고, 직업가치관의 평가항목에 따라 5점 척도로 평가한다.

② 각 직업별 직업가치관 평가 점수를 합산한다.

③ 합산점수가 가장 높은 직업이 직업가치관에 가장 가까운 직업이다.

④ 결과에 따른 느낌을 나누고 다른 집단원이 생각하는 나는 어떤지 의견을 들어볼 수 있다.

- 자신의 가치관, 흥미, 성격, 직업을 얻기까지의 교육비, 신체적 조건, 경제적 보상이 만족스러운지, 부모님의 동의 정도를 알아볼 수 있다.

4) 진로결정의 디딤돌과 걸림돌

자신의 강점과 약점을 적어보고 어떻게 보완할 수 있을지 의견을 나누어 본다. 장점과 단점이 어떻게 하면 모든 측면에서 진로에 대한 좋은 영향력을 발휘할 수 있을지 생각하는 시간을 갖는다.

5) 집단 참여 후 새롭게 깨닫거나 결심한 부분들에 대한 생각 나누기

4. 기대효과

지속적인 시간관리전략을 점검하여 자기주도학습능력을 향상시키고, 직업포부를 점검하여 현실적인 진로포부를 갖도록 돕는다.

5. 유의사항

① 리더는 다른 그룹원에게 진로에 관한 의견을 교환할 때 비평이 아닌 시사의 의미로 이야기할 수 있나는 것을 꼭 말해준다.

② 내가 가지고 있는 디딤돌(장점)과 걸림돌(단점)을 찾아보는 것도 중요한 작업일 수 있다. 커다란 전지를 사용하여 자신의 모습을 그린 뒤 각 신체 부위에 자신이 성장해야 할 부분과 버려야 할 부분을 적는 방법을 활용할 수 있다.

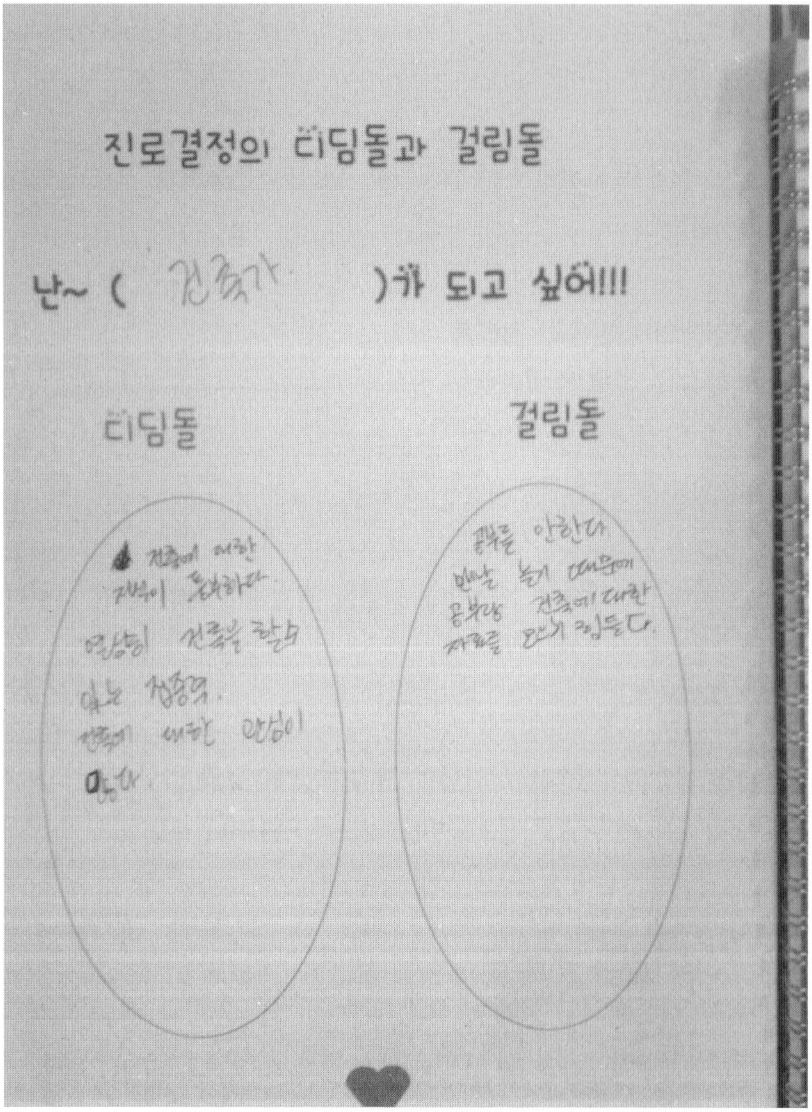
진로결정의 디딤돌과 걸림돌
난~ (건축가)가 되고 싶어!!!
디딤돌
걸림돌
건축에 대한 지식이 풍부하다
건축에 대한 관심이 많다
공부를 안한다
맨날 놀기 때문에

Memo

18회기 : 진로 다지기 2

1. 활동목표

진로 성숙

2. 준 비 물

필기구, 워크북, 감정 카드, 색연필, 색펜

3. 활동내용

1) 감정 카드를 통한 마음 표현하기

각자 최근 또는 오늘 자신의 감정을 표현할 수 있는 감정 카드를 선택하여 그룹원에게 소개한다.

2) 과제점검

지난 시간 약속한 생활계획표 실천 여부를 점검하여 약속을 지킨 그룹원에게 긍정적 보상을 통해 생활계획표를 지켜 자기관리를 할 수 있도록 동기를 부여한다.

3) 미래의 모습 그리기

자신의 미래의 모습을 그림으로 표현해보고 그룹에서 소개하는 시간을 통해 긍정적 미래를 꿈꾸고 학업성취 동기를 부여한다.

4) 시험계획 및 목표설정하기

① 시험을 보기 전까지의 준비방법들을 설명해준다.

시험 전날은 무엇을 해야 할까요?

교과서 최종 확인법

① 책의 맨 앞에 있는 목차를 본다.
② 목차만 보고 그와 관련된 것들을 떠올려 본다.
③ 기억해야 하는데 빠진 부분들은 다시 교과서 본문을 보고 정리한다.

시험 보기 10분 전

① 약점노트나 요점노트 중 가장 중요한 부분을 눈으로 훑어본다.
② 도저히 이해가 안 가거나, 안 외워졌던 부분을 공략하자.

* 쉬는 시간 10분동안은 절대 답을 맞추거나 친구들과 떠들지 마라.

② 시험 준비를 위한 과목별 준비사항을 점검한 후, 시험공부 계획을 세우고 과목별 목표를 설정해본다. 시험 준비가 어려운 그룹원은 반에서 학업성취가 높은 친구들에게 도움을 요청하여 유인물과 노트필기, 기출문제 등을 복사하고 준비할 수 있도록 한다.

과목	시험 범위			필요한 자료	필요한 시간	점 수
	대단원	중단원과 소단원	핵심내용, 중요개념			
과학	I 지구의 구조	1. 지구의 내부				현재 점수 70 ⇩ 목표 점수 75
		1) 들어가 보지 않고 어떻게 알지?	지진파의 특성	교과서 정독 후	30분	
		2) 지구의 내부는 어떻게 생겼을까?	지진파의 속도분포 곡선	(탐구는 꼭 할 것)	30분	
			지구내부의 특징	노트정리 이해,	30분	
		2. 대기권 구조		암기->문제풀이		
		1) 하늘 높이 올라가면 추울까? 더울까?	고도에 따른 온도변화 그래프		30분	
		2) 하늘 높이 올라가면 어떤 일이 생길까?	대기권의 구조와 구간별 특징		1시간	
	II 빛	1. 빛의 성질				
		1) 빛이 거울에 비추면?	반사의 법칙, 거울에서 반사		30분	
		2) 물속 막대는 왜 구부러져 보일까?	렌즈에서의 굴절현상		1시간	
			주변에서의 굴절현상 이해하기		30분	
		2. 빛의 색				
		1) 무지개를 찾아서	빛의 분산 이해하기(프리즘)		30분	
		2) 여러가지 색깔의 빛을 만들자	빛 합성색 알기		30분	
			물체의 색은 어떻게?		30분	
		3) 색깔은 왜 달라보일까?				
	III. 지각의 물질	1. 광물과 암석				
		1) 암석은 무엇으로 이루어져 있을까?	구성원소와 광물 이해하기		30분	
		2) 광물은 어떻게 구별할까?	광물의 구별방법 이해하기		1시간 30분	

5) 집단 참여 후 새롭게 깨닫거나 결심한 부분들에 대한 생각 나누기

4. 기대효과

미래 진로 포부를 나누면서 학습동기를 높여 시험계획을 적극적으로 할 수 있도록 한다.

5. 유의사항

미래 모습 그리기에서 진지한 미래 모습을 나눌 수 있도록 분위기를 조성하고, 긍정적이고 희망적인 피드백을 활발하게 하도록 돕는다.

Memo

19회기 : 진로 다지기 3

1. 활동목표

진로 성숙

2. 준 비 물

필기구, 워크북, 감정 카드, 조용한 음악

3. 활동내용

1) 감정 카드를 통한 마음 표현하기

각자 최근 또는 오늘 자신의 감정을 표현할 수 있는 감정 카드를 선택하여 그룹원에게 소개한다.

2) 과제점검

지난 시간 약속한 생활계획표 실천 여부를 점검하여 약속을 지킨 그룹원에게 긍정적 보상을 통해 생활계획표를 지켜 자기관리를 할 수 있도록 동기를 부여한다.

3) 진로 관련 실천계획 세우기

① 단계별로 자신의 계획을 작성하는 시간을 갖고 1년 단위가 아니더라도 자신이 원하는 직업을 얻기 위한 자격증이나 시험에 어떻게 대비할 수 있을지 생각하고 계획하는 시간을 갖는다.

② 자신의 진로설계에 있어서 필요한 자격시험이나 필요한 학력에 대해

언제 어느 시점에 준비하고 끝낼 수 있는지를 정하는 시간을 갖는다. 단순히 결과만이 아니라 과정을 적는 것이 중요하다.

③ 계단형의 진로계획표가 될 수도 있고, 나선형의 진로계획표가 될 수도 있으며, 트리다이어그램을 소개하여 진로계획표의 다양한 모습을 구상해준다.

4) 미래 일기 쓰기

상상했던 가장 성공했을 미래의 자신이 되어 일기를 쓰도록 한다. 정말 하루를 마무리 하는 분위기가 되도록 초를 켜거나 조용한 배경음악을 틀어줄 수 있다. 일기를 쓴 후 집단에서 읽어주는 시간을 갖는다.

5) 집단 참여 후 새롭게 깨닫거나 결심한 부분들에 대한 생각 나누기

4. 기대효과

진로 관련 실천계획을 세우도록 하여 실질적인 진로준비행동을 할 수 있도록 한다. 이때 진로준비행동 중 자기주도적 학습능력의 중요성을 학생들이 인식할 수 있도록 한다. 즉, 미래 진로계획을 세우면서 동시에 학습동기도 강화할 수 있도록 한다.

5. 유의사항

① 구체적인 계획이 될 수 있도록 자세한 설명을 적어놓는 작업을 한다.

② 실천 가능한 목표를 가지고 계획을 잡고, 작은 것부터 차근차근 계획을 세워나가는 것을 이야기해준다. 지금 학교에서 어느 수준으로 공부하고 있으며, 앞으로 어떻게 성적을 향상시킬 것인지 구체적인 결과물을 실현할 수 있도록 돕는다.

③ 미래의 일기를 쓸 때 보다 진지하고 집중하여 쓸 수 있도록 한다. 리더와 코리더도 일기 쓰기에 참여하여 집단원과 함께 고민하고 있고 생각하고 있다는 것을 보여주는 것이 필요하다.

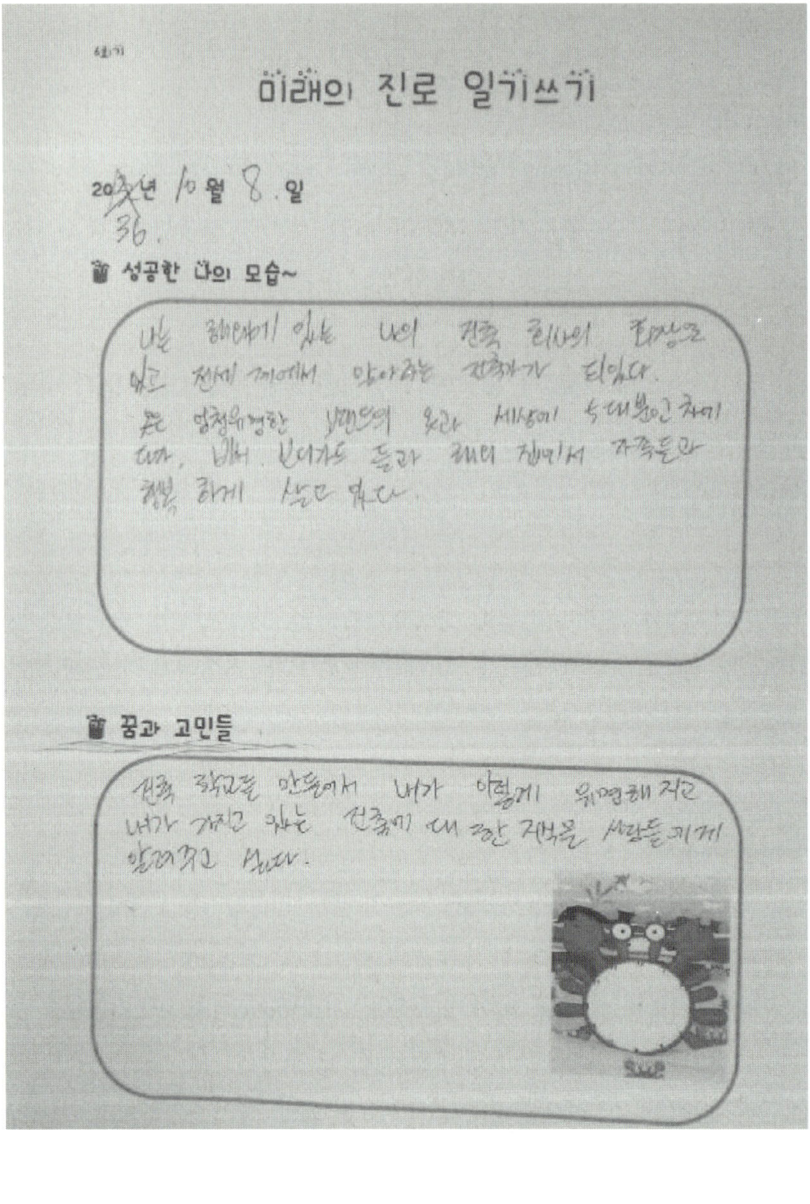

Memo

20회기 : 진로 성숙, 그리고 미래

1. 활동목표

사후 심리검사를 통한 진로 성숙 확인

2. 준 비 물

필기구, 워크북, 심리검사지

3. 활동내용

1) 사후 심리검사에 대한 오리엔테이션

자신에 대한 이해를 돕기 위한 심리검사 실시 목적과 검사 유의사항을 설명한다.

<유의사항>

- 검사문항에는 맞는 답과 틀린 답이 없음
- 자신에게 습관처럼 편안하고 익숙한 것에 답하도록 함
- 시간제한은 없으나 너무 오래 생각하지 않도록 지도
- 자신이 이상적으로 바라는 것에 답하지 않도록 함
- 답안지에만 체크하도록 함
- 모호한 단어나 개념에 대한 질문 허용

2) MLST 학습전략검사 실시

<MLST 검사란?>

학습전략검사로 성격적 특성, 정서적 특성, 동기적 특성, 행동적 특성으로 나누어 학생이 학습을 하는 데 겪는 어려움을 찾아보고 자신에게 맞는 학습 전략을 세울 수 있도록 도움을 준다.

3) STRONG 진로흥미검사 실시

<STRONG 검사란?>

진로준비 및 진로계획을 위해 자신의 진로를 탐색하는 데 도움을 주기 위해 개발된 검사이다. 검사 결과는 자신의 진로 성숙 정도를 확인 · 점검하고 자신의 흥미유형 특성을 이해하여 흥미유형의 분류체계와 연관된 직업세계를 탐색해가는 두 가지 문제 모두에 도움을 줄 수 있도록 구성되었다.

4) 프로그램에 참여하며 배운 것과 추후 해결해야 할 점 나누기

4. 기대효과

학습검사와 진로검사를 사전 · 사후에 실시하여 학생들이 집단프로그램을 통해 자신의 성장과 변화를 객관적 정보로 알도록 하여 집단내용을 강력히 내면화하여 실제 진로와 학습에 지속적인 변화를 꾀할 수 있도록 한다.

5. 유의사항

① 심리검사를 실시할 자격을 갖춘 전문가가 실시한다.

② 검사시간에 너무 많은 시간이 소요되지 않도록 시간 배분에 유의한다.

③ MLST 학습전략검사지는 한국 가이던스프로에서, STRONG 진로흥미 검사지는 한국어세스타에서 구입할 수 있다.

Memo

참고문헌

김경근 · 성열관 · 김정숙(2007). 학력 부진 아동의 특징 및 발생 원인에 대한 면담 연구, **교육사회학연구, 17(3)**, 27-52.

김계현(2008). **학교상담과 생활지도**. 서울: 학지사.

김동일(2001). 학습부진아 교육체계 발전발안 연구, **청소년상담연구, 9(1)**, 226-250.

김충기 · 황인호 · 정성화 · 김순자 · 윤향숙(2012). **진로상담과 진로교육.** 서울: 동문사.

문선모(2007). **학습이론**. 서울: 양서원.

박효정 · 이재분(2000). **중학교 기초·기본 학습부진 학생 판별도구 개발연구 : 중학교 1학년용**, 한국교육개발원.

송인섭(2006). **현장적용을 위한 자기주도학습**. 서울: 학지사.

심진예 · 윤중오 · 이한선(2012). **기초학습능력 향상 훈련지원 프로그램 개발**, 한국장애인고용공단 고용개발원.

안현정 · 홍창남(2012). 초등학교 기초학습부진아 교육에 관한 사례연구, **지방교육경영, 16(1)**, 36-55.

유성경 · 홍세희 · 이아라(2006). 남녀 학업 우수 청소년이 지각하는 진로장벽과 진로포부의 관계에서 학업 효능감의 매개모형 검증. **한국심리학회지 : 상담 및 심리치료, 18(4),** 837-851.

이상우(2010). 부모와 교사의 자율성 지지, 성취목표지향성, 기본심리욕구, 학업성취도간의 구조적 관계 분석. **교육학논총, 31(1)**, 45-68.

이유미 · 김정희 · 김동원(2009). 아동, 청소년상담: 인지적 대인관계 문제해결 훈련이 결손가정 초등학생의 문제해결력, 자기효능감 및 자아탄력성에 미치는 효과. **상담학연구 10(4)**, 303-319.

이정모 외(2009). **인지심리학**. 서울: 학지사.

정찬호 · 김원 · 노정민 · 채정호(2004). 인지행동적 방법에 기초한 통괄적 학습증진 프로그램의 효능 : 부모평가를 기준으로 한 예비적 연구. **인지행동치료, 4(1)**, 79-88.

조영희(2009). **기초학습부진학생을 효과적으로 지도하는 학교의 특성**. 서울대학교 대학원 협동과정 특수교육전공 석사학위논문.

조현철(2011). 내외적 학습동기, 자기결정성, 목표지향, 자기지각, 지능관 및 자기조절학습전략 요인들의 학습태도, 학습행동 및 학습성취에 대한 효과. **교육심리연구, 25(1)**, 33-60.

최윤정 · 김지은(2012). 중·고등학생의 진로발달 관련 변인 및 진로교육 경험과 자기주도 학습태도와의 관계. **아시아교육연구, 13(2)**, 81-106.

최정원 · 이영호(2011). **학습치료프로그램 기초학습능력 향상 전략**. 서울: 학지사.

최평임 · 한현민(2009). 체험학습활동이 발달장애아동의 기초학습과 기술과 사회적 기술에 미 치는 효과, **지적장애연구, 11(2)**, 93-127.

허현숙 · 곽경미 · 이윤경(2011). 언어학습부진아동의 구어능력과 읽기·쓰기능력과의 관계, **한국언어청각임상학회, 16(1)**, 23-33.

현미열 · 이종은 · 김정희(2006). 인지행동요법이 대학생의 문제해결능력과 역기능적 태도에 미치는 효과. **정신간호학회지, 15(2)**, 144-151.

Banich, M. T., Mackiewicz, K. L., Depue, B. E., Whitmer, A., Miller, G. A. & Heller, W. (2009). Cognitive control mechanisms, emotion and memory: A neural perspective with implications for psychopathology. *Neuroscience Biobehavioral Reviews, 33*(5), 613-630.

Beck, A. T. (1976). *Cognitive therapy and the emotional disorders*. New York: International University Press.

Buchanan, T. W. & Lovallo, W. R. (2001). Enhanced memory for emotional material following stress-level cortisol treatment in humans. *Psychoneuroendocrinology, 26*, 307 - 317.

Catts, H. W., Adlof, S. M. & Ellis Weismer, S. (2006). Language deficits in poor comprehenders : A case for the simple view of reading. *Journal of Speech, Language and Hearing Research*, 49(2), 278-293.

Catts, H., Adlof, S. M., Hogan, T. P. & Ellis Weismer, S. (2005). Are specific language impairment and dyslexia distinct disorders? *Journal of Speech, Language and Hearing Research*, 48, 1378-1396.

Drake, C., Jones, M. R. & Baruch, C. (2000). The development of rhythmic attending in auditory sequences : Attunement, referent period, focal attending. *Cognition, 77*, 251-288.

Dweck, C., & Leggett, E. L. (1988). A socialcognitive approach to motivation and personality. *Psychological Review, 95*, 256-273.

Gottfried, A. E., Fleming J. S., Gottfried, A. W. (1994). Role of parental motivational practices in children's academic intrinsic motivation and achievement. *Journal of Educational Psychology. 86*, 104-113.

Hobday, A. & Ollier, K. (1999). *Creative therapy with children & adolescents*, California: Impact publishers, Inc.

McElhinney, M. & Annett, J. M. (1996). Pattern of efficacy of a music mnemonic on recall of familiar words over several presentation. *Perceptual and Motor Skills, 82*, 395-400.

McEwen, B. S., & Sapolsky, R. M. (1995). Stress and cognitive function. *Current Opinion in Neurobiology, 5*, 205 - 216.

Meece, J. L., Blumenfeld, P. C. & Hoyle, R. H. (1988). Students' goal orientations and cognitive engagement in classroom activities. *Journal of Educational Psychology, 80(4),* 514-523.

Middleton, M. J. & Midgley, C. (1997). Avoiding the demonstration of lack ability : An under explored aspect of goal theory. *Journal of Educational Psychology, 89(4),* 710-718.

Särkämo, T., Tervaniemi, M., & Huotilainen, M. (2013). Music perception and cognition : development, neural basis, and rehabilitative use of music. *Cognitive Science, 4*, 441-451.

Schunk, D. H. (2006). (교육학적 관점에서 본) 학습이론 (노석준, 소효정, 오정은, 유병민, 이 동훈, 장정아 공역). 서울: 아카데미프레스. (원전 출판 2004)

Silverman, M. J. (2007). The effect of paired pitch, rhythm, and speech on working memory as measured by sequential digit recall. *Journal of Music Therapy, 44*(4), 415-427.

Snowling, M. J., Bishop, D. V. M., & Stothard, S. E. (2000). Is preschool language impairment a risk factor for dyslexia in adolescence? *Journal of Child Psychology and Psychiatry*, 41(5), 587-600.

Thaut, M. H. (2009). Neurologic music therapy in cognitive rehabilitation. *Music Perception, 27*, 281-285.

Vygotsky, L. (1978). Interaction between learning and development. In Mind and Society, Cambridge, MA: Harvard University Press.

Wessel, P. & Kroenke, L. (1998). Music training improves verbal memory. *Nature, 396*, 128.

Woolfolk, A. E. (2003). *Educational Psychology.* MA: Allyn & Bacon.

Young, A. R., Beitchman, J. H., Johnson, C., Douglas., Lori., Atkinson, L., Escobar, M. & Wilson, B. (2002). Young adult academic outcomes in a longitudinal sample of early identified language impaired and control children. *Journal of Child Psychology and Psychiatry*, 43(5), 635-645.

Zimmerman, B. J. & Marinez-Pons, M. (1990). Student differences in self-regulated learning : Relating grade, sex, and giftedness to self-efficacy and strategy use. *Journal of Educational Psychology, 82*, 51-59.

Zimmerman, B. J.(1990). Self-regulated learning and academic achievement : An overview. *Educational Psychologist, 25(1),* 3-17.

저자소개

■ **선우현**

독일 Koeln대학교 교육학 박사(아동 및 가족심리 전공)
현, 명지대학교 사회교육대학원 아동심리치료학과 교수

■ **김수지**

미국 Kansas대학교 철학박사(음악치료 전공)
현, 이화여자대학교 교육대학원 음악치료교육학과 교수

■ **최예린**

연세대학교 언어병리학 박사(언어병리학 전공)
현, 명지대학교 사회교육대학원 언어치료학과 교수

■ **홍혜영**

이화여자대학교 심리학 박사(상담심리 전공)
현, 명지대학교 사회교육대학원 상담심리학과 교수

학습부진아 치료교육 프로그램

초판 1쇄 인쇄 / 2014년 4월 20일
초판 1쇄 발행 / 2014년 4월 30일

•

공저자 / 선우현 · 김수지 · 최예린 · 홍혜영
발행인 / 이 중 수
발행처 / **동 문 사**

•

서울특별시 서대문구 홍제원 1길 12
(홍제동 137-8)
Tel : 02)736-3718(대), 736-3710, 3720
Fax : 02)736-3719
등록번호 : 제9-17호
등록일자 : 1974년 4월 27일
가격 : 16,000원

•

ISBN : 978-89-8251-638-2(93370)
E-mail : dong736@naver.com
Homepage : www.dongmunsa.com